»menschlicher leben«

ist keine Utopie. Namhafte Autoren zeigen in einer neuen Serie der Herderbücherei, wie man bessere Lebensbedingungen schaffen kann — für sich und andere. Sie analysieren die krankmachenden Verhältnisse und erläutern an Beispielen und Lebensschicksalen neue Formen der Menschlichkeit. Ihre in Beobachtung und Selbstversuch gewonnenen Erfahrungen sind kein beliebig anwendbares Erfolgsrezept, sondern eine Herausforderung an die menschliche Phantasie. Sie helfen dem Leser, sich von festgefahrenen Verhaltensmustern und Vorurteilen zu befreien, Zutrauen zu sich selbst zu fassen sowie unkonventionell und partnerschaftlich zu handeln.

Die neue Serie „menschlicher leben" ist eine Offensive der Hoffnung gegen Resignation und Ratlosigkeit.

Herderbücherei

Herderbücherei

»menschlicher leben«

Band 672

Über das Buch

Unsere Welt ist eng geworden: die äußere durch eine technisierte Überfüllung, die innere durch atemverknappende Umstellungen mannigfacher Art. Nichts bewirkt hier der Versuch, durch eine gleichsam verstohlene Bewegung der Ellenbogen der dynamischen Einengung zu begegnen.

Das macht, die Grundfragen unserer Zeit sind überlagert von Schichtungen, die mitunter das Gegenteil von deren wahrem Wesen vortäuschen, sind psychologisch maskiert und imprägniert mit einer sich alsbald freisetzenden Emanation, die, eingeatmet, zur agonalen Gleichgültigkeit und Resignation wird.

Hier eben setzt der Autor an. Wissend, daß sich sogar oft kritische Menschen betören lassen durch die Vorgeformtheit mancher Zeitinhalte, durchstößt er alle Tarnungen, dringt zur unverfälschten Wirklichkeit vor und legt die Kernproblematik frei. Dies in der Gewißheit, daß jedwedem Ändern die Erkenntnis all dessen, was da geändert werden soll und muß, vorauszugehen hat.

Zehn markante Lebensbereiche sind es, die der Autor einer kritischen Verarbeitung wieder zugänglich macht. Er bedient sich dabei einer sprachdichten Diktion von ungewöhnlicher Klarheit, die sich zur geschliffenen Brillanz steigern kann und mitunter eine ebenso scharfe, wie elegante Satirik in sich schließt. Des Menschen Innenreich hingegen behandelt der Autor mit einer beschwörenden Eindringlichkeit, hinter der mehr steht, als das klare Wissen um die Gefährdung menschlicher Grundwerte, nämlich die brennende Sorge um die Fundamente des Menschseins schlechthin.

Leo Dembicki

Der verlorene Spielraum

Lebensangst aus Lebensenge –
Schicksal des modernen Menschen

Herderbücherei

Originalausgabe
erstmals veröffentlicht als Herder-Taschenbuch

Inhalt

pische Spiele 1936 – Schalheit heutiger Höhepunkte – Indolenz im Alltag – Verlust der menschlichen Resonanz – Mangel an Kontrast – Triebe – Affekte – Gefühle – Vorherrschaft des Seichten – Richtungsumkehr durch Zwiespältigkeit – Neid – Atem der Seele

Zweifache Charakteristik des Rechts – Gerechtigkeit – Polemische Attacken – Gerechtigkeit und die Juristen – Gerechtigkeit und die Zwecke – Ziviles Recht – Einengung des Alltags – Ausweitung der Bevormundung – Eliminierte Gerechtigkeit im Strafrecht – Drei Rechtsfälle – Soziale Faktoren – Einseitige Begünstigung der Täter – Sinnlose Psychologisierung – Die vorgebliche Schuld der Gesellschaft – Strafe als Besserung – Ende der Haft – Abschaffung des Strafrechts – „Maßnahmenrecht" – Nützlichkeit und Recht – Zunahme der Bedrohung im Alltag – Dezentrierte Gerechtigkeit – Innere Aufrüstung

Rettende Funktion der Jugend – Jugend als Zeitexponent – Globale Ansprüche – Das „Positive" – Idee der Universitas – Mißlichkeiten der Universität – Subalterne jugendliche Ziele – Die Erfolgreichen und die Satten – Herrschaft der Parteifunktionäre – Unernst der Diskussion – Verfehlte Menschlichkeit – Die Führer – Schwätzer und Bewunderer – Kein Heil von Kollektiven

Allgegenwärtigkeit des sexuellen Problems – Stabilität der Sexualfunktion – Sexualforschung und Sexologe – Die sexuelle Norm – Sexualität als Persönlichkeitsfunktion – Sexuelle Normen und das 19. Jahrhundert – Kind – Jugend – Einehe – Alter – Unlebbares System – Freud – Neurose und Kulturekel – Lebenslust und „Todestrieb" – Wunschsystem Psychoanalyse – Kinsey und die Quantität – Banalität der Inhalte im Kinsey-Report – Der Kinsey-Irrtum – Aussparung des Wesens der Sexualität – Unzulässigkeit Kinseyscher Reduktionen – Verwechslung menschlicher Fragen mit sexuellen Problemen – Pornographie als Armutszeugnis – Menschenforscher

I.

Der Mensch in der Zeit

Die Beziehungen des Menschen zu seiner Zeit lassen sich stets nur unter großen Mühen aufspüren. Haben wir es doch hier nicht etwa mit zwei einfachen, feststehenden Größen zu tun, sondern mit einem ausgedehnten und sehr komplizierten Gefüge abhängiger Funktionen, dynamischer Beeinflussungen und wechselseitiger Veränderungen: unser Blick fällt nicht nur auf eine zunächst unüberschaubare Apparatur, sondern gewissermaßen auf eine sausende Maschine, deren manche Teile sich ob der Schnelligkeit, mit der sie sich bewegt, der Wahrnehmung durch das Auge entziehen und die sich, was wirkliche Maschinen nicht tun, zudem noch in ihrem Bau ständig ändert. Handelt hier der Mensch unter einem jener kollektiv akzeptierten Zwänge, die wir als Zeiteinfluß kennen, so ändert er da eine andere Gegebenheit der Zeit, modifiziert sie oder hebt sie gar radikal auf. Je näher man einen der beiden Faktoren, den Menschen oder die Zeit, betrachtet, desto eher scheint er lediglich die Bündelung aller Einflüsse des anderen zu sein, und in der Zuspitzung der Streitfrage, ob der Mensch das Ergebnis seiner Zeit oder diese das Ergebnis seines Tuns sei, liegt nichts, was hier Klarheit bringen könnte.

Herkömmlicherweise versucht man deshalb, sich an einzelnen Erscheinungen zu orientieren, und man beginnt hier meist damit, daß man die Möglichkeiten des Menschen innerhalb einer bestimmten Epoche herzählt.

Das gelingt heutzutage spielend leicht, man kann auch beginnen, wo man will. Beispielsweise damit, daß nahezu jeder einen eigenen Wagen hat, daß ein eigenes Haus ein ganz reales, millionenfach verwirklichtes Ziel ist, daß sich der Mensch aus der Sklaverei des Ortes gelöst hat und daß es, vorerst freilich nur im Einzelfall, möglich ist, in zwei Stunden von New York nach London zu fliegen. Die wunderbaren Errungenschaften der Technik kann man sodann strapazieren, angefangen bei der elektrischen Zahnbürste über die Flut der

Küchenmaschinen bis zur elektronisch gesteuerten Setzmaschine. Der enormen potentiellen Erweiterung der Wahrnehmung durch das Fernsehen wird man gedenken und schließlich, alles krönend, der Steuerung des Lebens durch den Rechner, den Computer, das Superhirn, das brave. Ist es doch beispielsweise möglich, in einem Krankenhaus durch Wählen einer achtstelligen Nummer einen Schnelldrucker zu veranlassen, chronologisch sämtliche Medikamente, bis auf die Tablette genau, die ein Patient während vieler Monate erhalten hat, in übersichtlichster Weise auszudrucken, oder den vorbereiteten Hauptproduktionsgang in einem Werk zu steuern, wofür vordem ein Heer von Menschen, bei ungleich kleinerer Sicherheit, nötig war.

Aber bleiben wir bei den Krankenhäusern. Man weiß, die Illustrierten sorgen dafür, daß heute alles in der Medizin möglich ist, wie man triumphierend hinzusetzt, mit dem Menschen also und nicht nur auf technischem Gebiet. Implantationen und Transplantationen, Operationen von nie gekannter Kühnheit und Schwierigkeit, mit nie gekannten gesundheitserhaltenden und lebensverlängernden Effekten. Vorsorgeuntersuchungen helfen den Kampf mit der Zeit gewinnen; das tun auch die zahllosen Medikamente, die eigens „in jahrzehntelanger Forschung unter riesigem Kostenaufwand" entwickelt wurden, um das Altern hintanzuhalten.

Und überhaupt: Jeder kann sich heute seinen Urlaub leisten; und wenn ihm das Inntal oder der Bodensee nicht gefällt, so stehen ihm Izmir, Katmandu, Ostafrika oder Grönland fast ebenso preiswert zur Verfügung. Und eine Rente kriegt auch jeder, und schöne Altersheime gibt es auch. Und im Betrieb hat jetzt fast jeder etwas zu sagen, und die Arbeitszeit ist auch besser und gerechter geworden. Und auch zu den Geschicken des Landes und des Volkes und der Gesellschaft kann jeder beitragen, denn es ist nicht mehr wie im Mittelalter, wo nur einer etwas zu sagen hatte, und die anderen mußten es tun.

Dieses zum Gesellschaftsspiel ausbaufähige Sichten von, nun von unbestreitbaren Tatsachen findet seine gemäße Ergänzung durch die heute so überaus beliebten Prognosen für die Zukunft, durch die Erkenntnisse und Weisheiten einer wissenschaftlichen Disziplin, deren Objekt nicht vorhanden ist: der Futurologie oder Lehre von der Zukunft.

Wir erfahren, daß es den Menschen bald, sehr bald schon unglaublich gut gehen wird. Sie werden nicht mehr den Naturgewalten ausgeliefert sein, sie werden vielmehr zahlreich sein und die Naturkräfte beherrschen. Sie werden, so meint beispielsweise Hermann Kahn, im Jahre 2176 ein jährliches „Pro-Kopf-Einkommen" von 48000.– DM haben. Eine Übervölkerung sei nicht zu fürchten. Kinder waren früher „Investitionsgüter", heute seien sie „Verbrauchsgüter", das heißt, früher brachten sie, heute kosten sie Geld, und deshalb will sie niemand haben. Auch bei der Rohstoffversorgung wird es keine ernsthaften Probleme geben. Man wird die Sonnenenergie nutzbar machen und die geothermische Energie. Nahrungsmittel wird man durch Umwandlung aus Müll, Papier oder Holz gewinnen, und schließlich wird die Umwelt bald nicht mehr so verschmutzt sein wie heute, weil ästhetische Gesichtspunkte wieder in den Vordergrund rücken werden. Zwar kann die Ozonschicht durch Verschmutzung irreparabel geschädigt werden, aber, so Hermann Kahn, den wir immer noch zitieren, man sollte dennoch die industrielle Entwicklung nicht bremsen oder ganz stoppen, solange man „keine Anhaltspunkte dafür hat, daß ein solcher Schritt notwendig ist". Das Wachstum zu beschränken wäre ein katastrophaler Fehler, und die pessimistische Haltung der letzten Zeit wandle sich, eine Fülle von – nicht näher genannten – Hinweisen gäbe es dafür.

Andere Betrachter sind zunächst etwas vorsichtiger. Ossip K. Flechtheim, von dem übrigens der Begriff „Futurologie" stammt, sieht auch für die Zukunft einige Probleme, wie Rüstungswettlauf und Krieg, Hunger und Bevölkerungsexplosion, Umweltzerstörung und Raubbau, Ausbeutung und Unterdrückung, Repression und Machtkonzentration bei Wirtschaftsmagnaten und Politbürokraten und Verunsicherung, Entfremdung und Aggressivität. Doch er meint in seinem Aufsatz „Ist die Zukunft noch zu retten", daß neuartige Disziplinen schon mit den Problemen fertig werden werden, und nennt als solche Disziplinen Friedensforschung, Etnwicklungsforschung und -planung, Umweltforschung, System- oder Emanzipationsforschung und schließlich, an letzter Stelle, Persönlichkeitsforschung. Darein soll noch einbezogen werden Prognostik, Philosophie, Politik und Pädagogik. Und all das wird eine Linie geben, die so gezeichnet wird: demokratische Technokratie – liberalsozialistische Weltdemokratie – klassenlose Gesellschaft – Übermensch (!).

Zwar gibt es Propheten, die meinen, es sei fünf Minuten vor zwölf; Alvin Toffler erinnert daran, daß die Natur immer das letzte Wort hat. Das muß aber niemanden schrecken, denn John Wren-Lewis stellt gerade zu dieser Behauptung die Gegenthese auf: „Gewiß (gemeint ist das letzte Wort der Natur), aber der Mensch lacht zuletzt", und begründet dies damit, daß „das wirklich charakteristische Element in Wissenschaft und Technologie ihre generelle Einstellung gegenüber der Welt ist, und diese Einstellung ist zutiefst humanistisch". Wie eine Technologie „humanistisch" sein kann, wenn sie ihrer Aufgabe gemäß sich nicht auf ein Ding, sondern auf ein Vorgehen richtet, geschweige denn, daß sie ein Lebewesen einbezöge, wird freilich nicht mitgeteilt, denn je mehr der Futurologe bloßer Requisiteur bleibt, desto wirksamer sind seine fanfarenhaften Anpreisungen.

Die Welt wird 35 Milliarden Menschen ohne weiteres ernähren können, Pflanzen werden durch Bestrahlung meterhoch wachsen, an Kühe werde man Kohlenstaub verfüttern, und sie werden Milch liefern wie eine Pipeline; Staudämme, Wärmekraftwerke, Atomkraftwerke werden gebaut werden, der Mond wird allein mehrere Trillionen Kilowatt liefern, sobald er zur Kraftstation umgebaut sein wird, und aus dem Meer wird der Mensch all das in beliebigen Mengen mühelos beziehen, was ihm etwa noch mangeln sollte.

Man könnte all dies seitenlang so weitertreiben, ohne etwas anderes dadurch auzulösen als Öde und Unbehagen. Nein, eine solche Aneinanderreihung führt zu nichts, weil niemandem damit gedient sein kann, den Schaum bloßer, meist sogar noch überaus fragwürdiger Möglichkeiten zu schlagen in der vergeblichen Hoffnung, hierdurch könnte er auch nur zu einer blassen Art von Wirklichkeit erstarren. Nicht nur daß jede einzelne der vorgeblich so glänzenden Aussichten sofort eine Überfülle an Fragen aufwirft und ein kaum zu bewältigendes Maß an tatsächlichen Schwierigkeiten schafft, die einzelnen Bedingungen sind auch niemals zusammen gegeben, und sie sind nicht in einer Art und Weise gegeben, die widerspruchslos zu verwirklichen wäre, und sie sind vor allem nicht von solcher Natur, daß sie imstande wären, auch nur die Voraussetzungen menschlichen Glücks zu schaffen, geschweige denn dieses selbst in Permanenz zu erhalten, denn sie nehmen nicht Bedacht auf den Menschen, sie beziehen ihn nicht ein, bleiben bloße Technizismen, dem Stand der Wissenschaft nach erreichbar, dem Stand der Technik nach durchführbar im Einzelfall, aber ohne jedwede konstituierende Kraft, weil ohne Einklang mit den Erfordernissen und Gemäßheiten des Menschen, vielmehr eine Art von Mensch voraussetzend, der die konsumierenden Technizismen seiner Zukunft nicht nur erträgt, der ihnen nicht nur gewachsen ist, der nicht nur nach Kräften hilft, sie zu schaffen und zu erhalten, sondern der seinem Wesen nach bereits auf eben diese eigenständigen, rein von der Sache her

14

und unter Auslassung des Lebens gewonnenen Technizismen eingerichtet ist, ein Mensch also, der gewissermaßen zugeschnitten ist auf technische Statuierungen und deshalb an sie von vornherein angepaßt.

Eben hier stoßen wir aber in unserer Betrachtung wieder auf den Faktor Mensch und wollen zusehen, nicht wie es in Zukunft, sondern wie es heute, in unserer Zeit, mit der Anpassung des Menschen an die Gegebenheiten seines Alltages steht.

Für jeden, der auch nur oberflächlich mit Menschen zu tun hat, springt hier als erstes ins Auge, daß das allgemeine Glück, das man nach Anhörung aller heutigen Glücksmöglichkeiten erwarten dürfte, offenbar nirgendwo besteht. Nicht etwa nicht besteht in jener Weise, die sich umschreiben ließe mit der Feststellung: „Der Mensch ist nie zufrieden", sondern vielmehr in einem nahezu vollständigen Fernsein auch eines zeitweiligen, auch eines subjektiven Erlebens des Glückes. Was sich an seine Stelle geschoben hat, ist allenfalls eine scheue, eine schale, eine höchst fragile und schon während ihres Entstehens angefochtene Genugtuung, die, vollzogen, sofort wieder einmündet in das Alltagsbewußtsein des ständigen Abmühens, dessen Ende nicht abzusehen ist und das deshalb durch einen einzelnen Erfolg nicht wie durch einen Schlußstein markiert werden kann, sei der Erfolg selbst auch noch so ausgedehnt. Wir haben es hier zu tun mit der eingeschränkten *Fähigkeit* zum Glück, und diese Einschränkung hängt ganz eng damit zusammen, *was* im einzelnen, *welche* erreichten Ziele der allgemeinen Konvention nach mit dem Begriff Glück belegt werden. Jemand wird zu irgendeinem der vielen „Leitenden" in unserer Gesellschaft befördert. Er ist glücklich darüber, doch aber, Moment, es wird den Neid der anderen erregen, die Schwierigkeiten, von ihrer Seite bereitet, werden sich mehren; mehr Geld wird zwar hereinkommen, aber, Moment, es werden die Ansprüche der Ehefrau oder der Kinder oder die beider steigen; und auch die Steuer wird steigen und überhaupt. Und ein anderer Mensch bezieht sein neues Haus und ist glücklich, ja, es ist schön in den eigenen vier Wänden. Doch aber, Moment, es wird sehr lang dauern, bis ihm das Haus wirklich gehört. Dieses Jahr wird an Urlaub nicht zu denken sein, nein, nicht nur dieses Jahr, auch nächstes und übernächstes nicht. Das Auto wird auch gefahren werden müssen, bis es nicht mehr weiterläuft, und dann die Reparaturen am Haus. Bereits jetzt muß man über zwanzig Details reklamieren, welch ein Ärger, welche Aufregung! Und noch steht es nicht fest, ob die Kinder dieses Haus einst werden bewohnen wollen, ja es ist noch nicht einmal sicher, daß der Besitzer nicht selbst den Ort der Tätigkeit wechselt. Was dann? Vermieten? Verkaufen? Anderswo ein neues Haus bauen? Oder mitschleppen? Am neuen Ort wieder in einer kleinen Mietwohnung anfangen, umgeben vom Fernsehgetöse der Nachbarn und von dem Gebrüll ihrer tobsüchtigen Kinder?

Es könnte nun einer meinen, hier seien beiden, dem Beförderten und dem Hauseigentümer, die berüchtigten Wermutstropfen in den Becher gefallen oder beide wären zufällig ausgemachte Misanthropen. Dem ist aber nicht so. Solche Überlegungen sind bei dieser Art von Glücksfällen nicht nur die Regel, sie sind *unabweislich*, und zwar heute, in unserer Zeit, unabweislich, weil der Abstand zwischen Beförderten und Nichtbeförderten im verzerrten Zweckdenken der Epoche übermäßig groß ist, größer als je zuvor und größer, als es der wahren Bedeutung des Vorgangs entspricht, weil das Bauen von Häusern mehr als zu anderen Zeiten heute von Menschen betrieben wird, deren Spielraum im Grunde dazu viel zu klein ist, so daß sie sich im nachhinein an Bedingnisse ausgeliefert sehen, denen sie nicht gewachsen sind. Beides bedingt notwendig eine verstümmelte Form des Glücklichseins; ihm mangelt das ganz Wesentliche der befreienden, hinaushebenden Lösung: die Ungetrübtheit, die Stärke und das Umfassende eines Gefühls, wie es einem Menschen auf einem Höhepunkt, wie es ihm inmitten einer Einmaligkeit zukommt. Wohlgemerkt, es gibt solches Glücklichsein, und es gibt es auch heute, gewiß, aber es ist nicht typischerweise an den Ablauf des Lebens in unserer Zeit geknüpft, es ist nicht eine seiner kennzeichnenden Bedingtheiten.

Ganz ähnlich steht es mit der Zufriedenheit. Sie ist, im Gegensatz zum Glücksgefühl, eher ein Zustand von Dauer, eine Basis, von der ausgehend man wieder zu ihr selbst gelangt, und deshalb eine der Kraftquellen des Menschen in seiner Auseinandersetzung mit der Welt schlechthin. Dauer aber kommt recht eigentlich in unserer Zeit keiner Sache, keinem Ablauf, keinem Ding zu, sie wird im Gegenteil nur schwer ertragen, mit Langeweile verwechselt und als altmodisch, spießig und unproduktiv denunziert. Weit eher ist alles geprägt von einer wirbeligen Unstetigkeit; es ist ein ständiges Existieren in der Improvisation, und das hat seinen allgemeinen Grund darin, daß Dauer tatsächlich ein Merkmal eines bestimmten Wertes ist, daß aber Werte in jener Art der Zweckbezogenheit, wie sie unsere Zeit prägen und wie wir sie noch eingehend kennenlernen werden, meist nur ein Nebendasein führen. Wir sehen das deutlich, wenn wir darangehen, die Stellung zu analysieren, die jemand seiner Tätigkeit gegenüber einnimmt.

Daß jemand das feste Bewußtsein hat, eine ehrliche, gute, nützliche Arbeit zu tun, daß er sich freut, sein Teil zum allgemeinen Wohl, zur allgemeinen Ordnung beizutragen, daß er befriedigt ist über seinen Zuwachs an Fertigkeit, daß zugleich hiermit die Wichtigkeit des Tuns im eigenen Bewußtsein stets zunimmt, daß Ehrgeiz und Stolz aus der Arbeit erfließen und nicht zuletzt noch das wohltuende Bewußtsein, daß die Stellung in der Gesellschaft, daß das Dasein in der Welt abhängen von eben dieser Art der Tätigkeit, daß das Leben nicht vertan, sondern im Gegenteil erfüllt ist, all dies ist heute nahezu ausnahmslos ausgespart für jene wenigen Tätigkeiten, die etwas Musisches beinhalten. Für die weitaus meisten Tätigkeiten liest sich eine Betrachtung wie oben fast so wie eine etwas angestaubte Hymne, und für eine spezielle Gruppe von Tätigkeiten ergäben Kriterien wie die genannten überhaupt keinen beziehbaren Sinn.

Denn in unserer Zeit ist Tätigkeit weitgehend zur Beschäftigung geworden, ist allermeist ein Job, ein Mittel, um sich im angemessenen Standard am Leben zu erhalten, wobei man sich tunlichst am Inhalt des Jobs nicht zu stoßen braucht und insbesondere die Frage nach seinem inneren Sinn weder stellen soll noch darf. Dementsprechend sehen wir, daß sehr viele Menschen nicht in ihrem erlernten Beruf tätig sind und, nach den Gründen dafür befragt, ganz lakonisch und selbstverständlich erklären, daß sie in der jetzt ausgeübten Tätigkeit eben sehr viel mehr Geld verdienen. Auch geben Menschen eine Beschäftigung spielend leicht auf, wenn sich eine gänzlich andersartige bietet, die besser dotiert ist, und eine innere Bindung an das Objekt des Tuns ist weit eher die Ausnahme.

Es ist nur natürlich, daß diese Art zu leben zwar Geld einbringt, manchmal mehr, als für den Betreffenden gut ist, doch nicht nur eine echte innere, sondern schließlich selbst eine tragfähige, im Notfall auch belastbare Befriedigung bleibt aus. Hier haben wir eine der Erscheinungsformen der Sinnlosigkeit des Daseins vor uns, die so vielen Menschen in unserer Zeit so übermäßig schwer zu schaffen macht. Tatsächlich ist eine beträchtliche, für die Gesellschaft sehr wohl ins Gewicht fallende Zahl von Menschen rauschgiftsüchtig oder kriminell geworden, weil ihnen „alles so sinnlos vorkam", tatsächlich befinden sich unter den Menschen, die sich zu töten versuchten, jedoch gerettet werden konnten, überaus viele, die als Motiv die von ihnen als unkorrigierbar empfundene Sinnlosigkeit der menschlichen Existenz heute angaben.

Zur vollen Ausformung der menschlichen Person gehört, daß sie zu etwas Einmaligem, zu einem Individuum wird. Individuen haben aber nicht nur von jeher einen eigenen, besonderen, persönlichen Stil gelebt, der gleichwohl durch tausend Fäden, durch tausend Gemeinsamkeiten der Gemeinschaft verpflichtet war, sie haben auch stets das bevorzugt, was sich als Einmaliges von einer Masse abgehoben hat. Noch in primitiven Scheinweisheiten wie etwa in dem Wort, daß sich über Geschmack nicht streiten ließe, steckt etwas von diesem Anspruch. Letztlich möchte jeder gern auch seine Umgebung so haben, wie sie seiner Auffassung nach zu seiner Eigenart paßt. Wir sehen aber nun, daß davor in unserer Zeit sehr hohe, mitunter unübersteigbare Schranken aufgerichtet sind. Tatsächlich ist, um bei etwas ganz Einfachem zu bleiben, der Erwerb eines Dings, das es nur einmal gibt, nahezu unmöglich, und diese Schwierigkeit ist auch schuld daran, daß manch ein Ding, so es wirklich nur einmal existiert, heute in den Rang einer „Antiquität" aufrückt, mag es sich auch um den bestialischsten Schund handeln, der nur denkbar ist. Sonst aber bleiben die Ansprüche nach Individualität unerfüllt. Man kann zwar gleiche Produkte in verschiedener Farbe kaufen, „jeder nach seinem Geschmack", es gibt Autos verschiedener Marken und durchaus mehr als nur eine Möbelfabrik. Doch das ändert nichts an den entsetzlichen millionenfachen Serien, die dem Bedürfnis nach dem Individuellen noch nicht einmal in einer groben, globalen Weise entgegenkommen, wenn nicht etwa eine Firma die Unverfrorenheit besitzt, ihre Massenartikel grundsätzlich als etwas anzupreisen, das geschaffen ist für „Menschen, die das Besondere lieben". Sofort entsteht denn auch bei dem Menschen unserer Zeit eines der bedenklichsten Defizite: die Fähigkeit zur Individualität nimmt ab, bis sich schließlich jedermann entweder in die Pseudoindividualität flüchtet, wie sie verschiedenen Fernsehprogrammen eigentümlich ist, oder mit jener sehr verräterischen Art von stolzem Trotz proklamiert, ihm gefalle das, was auch anderen gefalle, und daß es anderen gefalle, störe ihn nicht, darüber sei er erhaben, denn er sei Individualist. Nun ist aber die Individualität natürlich etwas, das weit überragendere Funktionen hat als etwa nur die des Wählens im Ästhetischen. Die Individualität ist letztlich Voraussetzung für eine entwickelte sittliche Instanz im Menschen, weil selbst das einleuchtendste kollektive Gebot tot bleibt, wenn es nicht vom Menschen jeweils in der ihm eigenen und möglichen Weise ergriffen und verarbeitet wird.

Überaus schwer ist es für den Menschen unserer Zeit zu leben, wenn etwas, das sich grundsätzlich seiner Verfügbarkeit entzieht, in seinen Alltag einbricht. Persönliche und familiäre Krisen offenbaren uns völlig rat- und hilflose Menschen, die in ihrer Unkenntnis der einfachsten menschlichen Abläufe jedem steinzeitlichen Höhlenbewohner weit unterlegen sind. Was sich nicht ohne Mühe durch ein Zaubermittel beheben läßt, zwingt die meisten sofort so in die Knie, daß es nur noch zu einer konfusen Kapitulation reicht. Ein Angehöriger, der ernsthaft krank geworden ist, eine Tochter, die ein Kind erwartet, ein Ehepartner, der sich aus der Ehe zu lösen beginnt, ein alter Mensch, der gepflegt werden müßte, das alles löst Alarm aus, setzt die Briefkastenspalten der Zeitschriften in Betrieb, kurbelt die Tätigkeit zahlloser Beratungsstellen an, bemüht professionelle Helfer und wird zumeist, da schließlich alles und jedes wirr und zweifelhaft scheint, doch nicht reibungslos bewältigt. Das macht, die Menschen in unserer Zeit haben es weitgehend verlernt, Krankheit und Übel, Mißgeschick, Schicksalsschläge, die Nöte des Lebens oder gar das unabwendbare Ereignis des Todes in ihren Daseinsentwurf einzubeziehen, weil all dies in ihrem Bewußtsein fälschlicherweise, aber mit großer Zähigkeit als grundsätzlich bannbar, grundsätzlich beherrschbar, grundsätzlich abwendbar figuriert.

Gegenüber diesen überaus schwerwiegenden menschenverändernden Formungen unserer Zeit möchte sich manche dingliche Beschränkung wie eine Bagatelle ausnehmen; ohne es wirklich zu sein, weil alles im Leben des Menschen Auswirkungen in ihm hinterläßt und weil seine äußeren Fähigkeiten der Anpassung zwar immens, die Fähigkeiten zur strukturellen Adaptation indes sehr eng begrenzt sind. Deshalb lohnt hier zumindest ein Blick auf einige solcher Beschränkungen. In wenigen Monaten wurden auf der Welt die Langusten ausgerottet, ein Ereignis, von dem anscheinend niemand außer einigen ausgefallenen Feinschmeckern Kenntnis nahm. Daß es kein Kalbfleisch mehr gibt, weil das, was unter diesem Namen verkauft wird, das Fleisch von halbwüchsigen, hormongefütterten, antibiotikageschädigten Rindern ist und weil es Kälber, die ausschließlich mit Kuhmilch genährt werden, gleichfalls nicht mehr gibt, scheint gleichfalls ein Küchenproblem zu sein, schränkt indes, neben unzähligen anderen solchen Problemen, das sehr ein, was man im anderen Zusammenhang als „Lebensqualität" bezeichnet.

Daß man nichts mehr wegwerfen darf, ist gewiß zu loben, nicht aber jenes hysterische Gezeter, das für jemanden, der eine Zigarettenschachtel aus dem fahrenden Wagen wirft, zu strenger Geldbuße und Ausweisung aus dem Lande führt, bei einer grob fahrlässigen Verseuchung von vielen Quadratkilometern Meer durch Erdöl aber von einer „Panne" spricht, die eben im Interesse der „Entwicklung" hingenommen werden müsse, so beklagenswert das im einzelnen sei.

Daß plastische Stoffe in unbegrenzter Menge zur Verfügung stehen, mag nützlich sein; daß sie kaum mehr aus der Welt geschafft werden können, weniger, ebenso, daß sie in ihrer minderwertigen Vortäuschung hochwertiger Oberflächen zu einer Geringschätzung all dessen führen, was uns als Stoffliches im Alltag umgibt, und wohl deshalb, beispielsweise im Angelsächsischen, selbst zum Synonym für Minderwertiges (plastic) geworden sind.

Eine Überfüllung in allen Bereichen, die durchaus nicht auf die Zunahme der Bevölkerung zurückgeführt werden kann, erschwert das Leben in unserer Zeit. Zu viele Menschen wollen das Gleiche, weil es zuwenig Verschiedenes gibt, das sie wollen könnten.

Das Zurücktreten des Persönlichen, des Menschlichen hinter standardisierte und selbst dann nicht immer eingehaltene Formen schmälert den Kontakt und streut bremsenden Sand in alle Abläufe, wo Menschen einander begegnen.

Die Einengung der Sprache durch scheinbare Bereicherungen, beispielsweise mit Worten wie „Risikofaktor", „Willensbildung", „Meinungsprozeß", „Profilierung", „zukunftsorientiertes Handeln", bewirkt eine schale Lustlosigkeit, sich in solchen Kategorien zu bewegen und sich von ihnen in Anspruch nehmen zu lassen, geschweige denn, daß dadurch eine Dimension der Gemeinsamkeit geöffnet würde.

Und schließlich, doch das ist fast in einem Satz gesagt, lastet über den Menschen in unserer Zeit die Bangigkeit vor einer geschichtlichen, ja bereits vor einer politischen Entwicklung, die in den Klischees, in denen sie dargeboten wird, lediglich als äußerste Verzerrung aufscheint, die aber durch keine Angst, durch keinen Wunsch und, worauf es ankommt, auch durch kein Tun eines einzelnen, der hier die anderen weder sehen noch hören kann, in ihrem Lauf aufgehalten oder auch nur abgelenkt werden kann, obwohl dieser Lauf zu den bestimmenden kollektiven Zielen, so wie sie unserer Zeit eigentümlich sind, in der fatalsten Weise kontrastiert.

Wagen wir nun die entscheidende Frage: Was ist das, was um alles in der Welt ist das für eine unheimliche, angstschaffende Macht, die in unserer Zeit Menschen in ihren Bann zwingt, von Menschen selbst unterhalten und gefördert wird und doch allen elementaren Interessen der Menschen zuwiderläuft, mehr, deren Kompaß in einen

Abgrund unbenennbarer Widermenschlichkeit weist, auf dessen Grund kein Laut mehr ertönt, keine Sonne mehr scheint und kein Baum mehr wächst, auf dem sich nur noch roboterhaft Eiweißwesen ohne Prägung darum bemühen, Materie in sinnloser Reihung und Anordnung zu manipulieren? Nun, es ist in der Tat eine konstituierende Macht, wenngleich eine, die sich nur als wesenlose Anonymität präsentiert, die als Wesen nicht da ist, sondern nur in ihren entsetzlichen Folgen existiert: Ihr Name lautet Industrielle Produktion.

Nun kann heute niemand so etwas aussprechen, ohne sofort Empörung, Proteste, Dementis zu provozieren oder sich zumindest im besten Fall zum Objekt einer milden, wohlgemeinten Belehrung zu machen. Wie denn, die Produktion, der wir alle so großen Wohlstand verdanken, die uns hilft, das Leben schöner, leichter, lebenswerter zu „gestalten"! Und erst in der Zukunft – doch da schließt sich ein Kreis: das haben wir schon einmal gehört und wollen uns deshalb nicht ablenken und irreführen lassen.

Die Industrielle Produktion ist keine personale Macht, sie ist nicht von vornherein als Zusammenschluß bestimmter Menschen oder Menschengruppen geplant, sie ist kein Apparat, etwa im Sinn einer politischen Partei. Sie ist überhaupt nichts, das als sichtbare Etablierung oder auch nur als eine kodifizierte, normierte oder sonstwie positiv festlegbare Lehre auftritt, sondern sie kann lediglich aufgefaßt werden als die Summe aller Vorgänge nebst der ihnen innewohnenden Dynamik und als die Summe aller Wirkungen, die wesensmäßig dort vorzufinden sind, wo industriell produziert wird.

Gleich zu Beginn werden wir konfrontiert mit zwei entscheidenden Reduktionen, mit zwei bestimmenden Einengungen, deren charakteristischen Prägestempel alles trägt, was irgendwie mit der Industriellen Produktion zu tun hat. Die Zeiten, wo produziert wurde, weil es galt, einen bestimmten, sinnvollen Bedarf zu decken, sind längst vorbei. Heute produziert die Industrie nahezu *ausschließlich* des Vorgangs der Produktion halber. Die Produktion selbst ist ihr eigener Zweck geworden, und diese Tendenz ist in den letzten Jahren so hervorgetreten, daß sie heute ganz unverhohlen, ja bereitwillig offeriert wird, wenngleich mitunter sprachlich etwas eingekleidet als „Notwendigkeit zur Investition" und „Notwendigkeit zur Schaffung und Erhaltung von Arbeitsplätzen".

Bedenken wir aber, was eine Selbstzweckproduktion in Wahrheit meint und bedeutet. Erzeugt werden soll etwas nicht deshalb, weil es gut, nützlich, schön, begehrt ist, weil es das Leben leichter, sicherer, angenehmer, lebenswerter macht, weil sich darin der Schaffensdrang, so wie er dem Menschen natürlicherweise innewohnt, verwirklichen und verdinglichen soll, vielmehr soll mechanisch reproduziert werden irgend etwas, ganz gleich, was immer es sei, damit der Vorgang der Produktion weiter abläuft und das bewirkt, worin alle, die sich mit der Industriellen Produktion befassen, den *einzigen* Sinn ihres Tuns in einem so ausschließlichen Maße erblikken, daß sie nichts mehr anderes auch nur von fern wahrnehmen können, nämlich den Gewinn.

Ist aber Sinn und Zweck des menschlichen Daseins eingeengt auf Produktion und Gewinn, dann ist bereits im Fundamentalen seine ganze Existenz entscheidend verstümmelt, weil beraubt des Entscheidenden, das eine menschliche Existenz ausmacht: ihres Sinnes und ihres Wertes.

Es liegt auf der Hand, daß eine fortgesetzte Selbstzweckproduktion nur möglich ist, wenn ein künstlicher Bedarf geschaffen wird, geschaffen übrigens nicht nur mit allen Mitteln der Überredung, sondern auch durch Brutalität und Hinterlist, wie wir noch sehen werden. Ein künstlicher Bedarf ist aber bereits in sich mehr als fragwürdig. Ist es wirklich erstrebenswert, daß nicht etwa kranke, geschwächte, halbgelähmte Menschen, sondern gesunde, kräftige Kinder eine elektrische Zahnbürste benutzen? Ist es erstrebenswert, daß jemand, der eben gerade sein Auskommen hat, veranlaßt wird, einen teuren Urlaub an einem kilometerlangen, stupiden, leeren ostasiatischen Sandstrand zu verbringen, auch wenn dies nicht die geringste Bereicherung mit sich bringt? Ist es aber, umgekehrt, nicht ein Alarmzeichen für eine Versklavung sondergleichen – und von einer, die alle Einschränkungen, so wie sie für Sklaven im Altertum galten, weit übertrifft –, wenn nun gar ein Mensch dazu gebracht wird, daß er entgegen allen seinen Instinkten seinen Rang, seinen „Standard", wie man sagt, daran mißt, ob er eine elektrische Zahnbürste benutzt oder sich für unmäßiges und sauer erarbeitetes Geld an öden, heißen, unerquicklichen Stränden langweilt. In der Gesamtheit der Industriellen Produktion nimmt sich der Mensch demgemäß auch als dasjenige aus, das von ihr Gebrauch macht: er ist der Endverbraucher, und damit ist, was die Industrielle Produktion angeht, zugleich auch sein Daseinszweck definiert und rubriziert, wobei hier noch die letzte Spur eines Freiheitsgrades in Rudimenten vorhanden ist: der Industriellen Produktion ist es in Wahrheit ganz gleichgültig, ob derjenige, der ein Produkt erworben hat, es auch tatsächlich verbraucht. Wichtig ist, daß er es bezahlt, denn damit ist der Kreis geschlossen, jenseits dessen es für die produzierende Instanz schlechthin nichts mehr gibt.

Die beiden fundamentalen Reduktionen durch die Industrielle Produktion sind aber leider bei weitem nicht die einzigen. Dadurch, daß sie sich im Linearen angesiedelt hat, im Eindimensional-Primitiven, hat sie sich zugleich auch als etwas installiert, das durch das Merkmal der Quantität ohne Rest bestimmbar wird. Quantität ist tatsächlich das einzige Merkmal der Industriellen Produktion, und zwar, wohlgemerkt, nicht etwa nur tatsächlich, nicht etwa hier und jetzt im Alltag, sondern grundsätzlich und absolut. Es ist nicht nur belanglos für die Produktion, welchen möglichen Sinn ein Produkt haben könnte oder ob es jeglichen Sinn von vornherein verfehlt, es ist auch völlig belanglos, wie gut im Sinne einer handwerklichen Qualität etwas ist. Nicht genug damit. Menge und Qualität stehen im Hinblick auf die Industrielle Produktion in einem kontradiktorischen Verhältnis, aus dem überaus simplen Grund, weil Qualität die Lebensdauer eines Produktes erhöht und solcherart den Produktionsprozeß bremst, anstatt ihn, was erstrebt wird, zu beschleunigen. Deshalb ist die Industrie gezwungen, die Qualität ständig zu verschlechtern, was wiederum notwendigerweise getarnt werden muß, beispielsweise indem man dem verschlechterten Produkt ein neues Prädikat hinzufügt, etwa daß es beim Gebrauch sich nicht so stark erhitzt und deshalb haltbarer ist, oder indem man ein verschlechtertes Produkt mit einem unnützen Merkmal versieht, dieses Merkmal hervorhebt und die Verschlechterung überdeckt, etwa indem man Kohlepapier, das sich schneller abnutzt, mit einer „Interplastik-Bindung" versieht und besonderen Nachdruck darauf legt.

Die Übertragung solcher Prinzipien auf den Lebensbereich des Menschen bedeutet, daß auch hier alles Qualitative als fragwürdig aufscheint. Der Mensch kann immer weniger erfaßt werden als Wesen in seiner Einmaligkeit, dessen Wert danach bestimmt wird, was er zu den Werten, die dem Menschendasein *gemäß* sind, beiträgt, welche seelische Tiefe er hat, innerhalb welcher Weite des Gemütes er lebt, welche Durchdringungskraft sein Geist besitzt und in welchem Maß er imstande ist, Anrufe zu vernehmen, die über ihn selbst hinausweisen. Denn eine quantitative Einordnung des Menschen muß sich auf linear Meßbares beschränken. Es bieten sich an seine reproduktiven Kräfte, das heißt in der Sprache des heute ganz irreführenderweise so genannten „Leistungsprinzips" die Menge, die jemand zur Industriellen Produktion beiträgt, sodann aber auch die Menge, die er selbst der Industriellen Produktion entnimmt, die er konsumiert, und schließlich bestenfalls noch das Ausmaß, in welchem er andere dazu veranlaßt, mehr zu produzieren und mehr zu konsumieren. Auf diesen drei Beinen steht der Mensch, durch die Brille der Industriellen Produktion betrachtet, und wir wissen aus der Physik, daß eine Ebene durch drei Punkte definiert ist und ein dreibeiniger Tisch deshalb nicht wackeln kann. Und tatsächlich: dieses Menschenmonstrum kann sich nicht mehr bewegen, seine Dreipunkthaftigkeit – die übrigens eine ganz reale Entsprechung im Dreipunkt-Anschnallgurt unseres Autoalltags hat – beraubt es aller menschlichen Freiheitsgrade, führt zur Gleichmachung, Verdinglichung und Entmenschlichung.

Der in dem eben analysierten Sinn nicht mehr leistungsfähige Mensch aber wird, das drängt sich schauderhaft zwanglos auf, so etwas wie eine nicht mehr exakt laufende Maschine, die stets die Frage aufwirft, ob sie noch repariert oder besser „abgeschrieben" werden soll. Die abgeschriebene Maschine aber wird zu Schrott. Da es nun nicht möglich ist, menschlichen Schrott wieder aufzuarbeiten oder, wie man mit unechtem und schwerem Zungenschlag sagt, „dem Produktionsprozeß wieder zuzuführen", so begnügt man sich damit, ihn womöglich gar nicht, wenn aber überhaupt, dann als eine Belästigung, als eine Ungehörigkeit, die eigentlich von der zuständigen Kammer verboten werden müßte, als etwas, das vorläufig noch höchst unbefriedigend ist, und in Ausnahmefällen wohl als wirkliche Belastung zu registrieren, und hieraus folgt jene spielraumlose Eiseskälte der Industrie allem gegenüber, was auch nur von fern an den Begriff „menschlich" anklingt: alle, ausnahmslos alle solchen Belange müssen ihr mit nackter Gewalt abgerungen werden, und eher findet man bei einem Diktator gelegentlich einen Funken Mitleid mit seinem besiegten Gegner als bei der Industrie einen Funken Verständnis und Aufnahmebereitschaft für menschliche Belange, und das gilt auch für ihre eigenen Angehörigen. Die neue Form eines Rückstrahlers bei Autos, die nicht die Zustimmung der Fachpresse findet, kann zum Sturz des Generaldirektors des Werkes führen, der vordem seine ganze Kraft und Zeit diesem widmete und dem das Werk bereits Milliardengewinne verdankt.

Sind die wesentlichen Vorgänge des menschlichen Alltags innerhalb einer Epoche sinnlos, so ist naturgemäß ein Gefühl der Geborgenheit, der Freude, des Glücks, aber auch einer sinnvollen Befriedigung nicht möglich, ganz einfach deshalb nicht, weil die Freude an sinnlosen Mengen nicht möglich ist und, strafendes Paradox, selbst jenen nicht möglich ist, die diese Sinnlosigkeit installiert haben und das daraus ziehen, was sie erstreben, nämlich Gewinn.

Nun vermag aber niemand zu leben, ohne in irgendeiner Weise an Werten teilzuhaben, die ihm das Leben lebenswert machen. Es kommt deshalb zu einer gigantischen Verkennung der Fundierungen: nach Art eines Neurotikers, nämlich unter Wegdrängung der Wirklichkeit und deren Substitution durch einen Affekt, durch einen Wunsch, durch eine Begierde, verkünden die Sklaven, daß sie das, wodurch sie versklavt werden, lieben, daß sie es beibehalten, daß sie es ausbauen und ausdehnen wollen und daß sie es anbeten. Die Unterstellung, der Besitz möglichst vieler Produkte, die von der Industriellen Produktion hervorgebracht werden, sei gleichbedeutend mit dem menschlichen Glück, ist in der Tat ein Vorgang, der, wenn auch als Analogie, durchaus berechtigt, von einer kranken Gesellschaft zu reden. Es ist indes hier wie mit allen selbstgeschaffenen Attrappen: wer durch ein umgekehrtes Fernglas einen Tiger wahrnimmt, ist nicht wirklich weit weg von ihm. Das menschliche Innen läßt sich im Entscheidenden nicht täuschen, und wird hier etwas aufgezwungen, so erzeugt es Kräfte, die sich ihrerseits als Entladung kundtun. Die Zunahme der Gewalttätigkeit, deren scheinbare Grundlosigkeit, die Blindheit der Aggressivität, von der unsere Epoche beherrscht wird, leitet sich aus diesem Ablauf her.

Nun kann allerdings auch etwas stattfinden, das ebenfalls vom Neurosemechanismus her bekannt ist: das Zurücktreten auf eine frühere Stufe, beispielsweise auf eine Epoche in der Vergangenheit, die befriedigend war, oder gar auf die Kindheit. Auch dies konstituiert beides unseren Alltag. Im ersten Fall haben wir es hier mit allem zu tun, was man mit dem meist halb geringschätzig ausgesprochenen Schlagwort Nostalgie verbindet: der Flucht, bezeichnenderweise in die scheinbar geordneten, gediegenen, gewissermaßen handwerklichen und hausgemachten Proportionen des 19. Jahrhunderts. Aber diese Flucht endet, wie es gar nicht anders sein kann, nicht in der Geborgenheit, sondern führt über die Beute, die mancher beim Sperrmüll macht, zu Gerümpel und Schund, führt weiter zu den Lemuren und zu jener Dämonie, deren mangelnder Verarbeitung wir die heutige Misere, deren vergeblicher Kompensationsversuch die Nostalgie ist, verdanken.

Die Regression aufs Infantile, also in eine scheinbar unbeschwerte, frische, gesunde Welt des unkomplizierten Wagemutes, wäre in unserer Zeit etwa konkretisiert durch die Wiederentdeckung des Motorrades. Und siehe da: beider Versuche einer Retusche des

Daseins bemächtigt sich sofort die Industrielle Produktion, verschlingt gierig das Thema und produziert altmodischen Schund „Antik" und perfekteste Motorräder nebst den dazugehörigen Sturzhelmen, der Lederbekleidung, dem erforderlichen Quantum an Lärm, Gestank, Gefährdung und Rowdytum, die nun einmal unabänderlich mit der einzigen Maschine, die nicht rückwärts fahren kann, verbunden sind. Und über alldem liegt jene Pseudomystik, mit der ein künstliches, neonerhelltes Firmament in unablösbaren Lagen beschichtet ist, die ein Eindringen in seine Fundierung mit der Sicherheit eines modernen Safeschlosses versperren.

Und das ist zusammengefaßt das Resultat: Wir sind Opfer eines modernen Prokrustes. Mit ausgereckten Gliedern, an jedem Ende von den Bleigewichten der Ratenzahlung beschwert, wird der Mensch auseinandergezerrt, bis er die Skala der modernen Selbstzweckproduktion deckt. Das ist das lange Bett des Prokrustes. Hydraulisch, elektronisch gesteuert von allen Seiten, wird der Mensch in eine vorgefertigte Form gepfercht, bis er den Ansprüchen einer Selbstzweckproduktion nach einem ununterscheidbaren konsumierenden Normwesen genügt. Das ist das kurze Bett des modernen Prokrustes.

Konnten vordem Menchen gelassen oder gefaßt in die Zukunft blicken im Vertrauen darauf, daß der Mensch, so er nur von den ihm verliehenen Gaben Gebrauch macht, jede Zukunft bewältigen kann, so steht heute die angstmachende Frage auf, ob angesichts der Schädigung durch die Industrielle Produktion dem Menschen genügend Gaben verblieben sind, um etwas zu bewältigen, das über die Pseudoproblematik readers-digesthafter Prägung, die selbst ein Industrieprodukt ist, hinausgeht. Es stellt sich uns die Zukunft dar als blindes, rohes Ungetüm, das nicht weiß, was er zertrampelt, dem es gleich ist, was es mit seinen ungleichen Pfoten zermalmt, und das nur eines meint, nämlich die Vernichtung all dessen, das nicht in gleicher Weise plump, roh, unwissend, fühllos, ungefüge und gewalttätig ist.

Es kommt nicht von ungefähr, daß die Industrielle Produktion und die Auseinandersetzung mit ihr eine so riesenhafte Bedeutung im Kleinsten wie im Größten hat. Hier handelt es sich nämlich um ein geschichtliches Merkmal, eine sogenannte „Zeitsignatur" (Dembicki, 1959). Darunter ist zu verstehen das Hervortreten von bestimmenden Ideen oder Idealen, von Leitmotiven und Bestimmungen, die ein magisches Feld erschaffen und unmittelbar von einer Masse ergriffen werden. Daß solches geschieht, geht aber nicht nur und ohne weiteres auf eine gewöhnliche Kritiklosigkeit zurück. Vielmehr charakterisieren sich Massen dadurch, daß sie gleichsetzbar sind mit der Summierung einer Instanz im Menschen, mittels deren er an einer Gruppe teilnimmt und die man deshalb „Partizipialfunktion" *(Dembicki, 1959)* nennt. Es ist die Partizipialfunktion gewissermaßen die Repräsentanz des Kollektiven im Individuum, und deshalb verhalten sich Menschen unter ihrem Einfluß ausnahmslos ungegliederter, gröber, primitiver, kulturferner und erkenntnisfeindlicher, als es das Individuum selbst je vermöchte.

Eine ihrer Hauptwirkungen entfaltet die Industrielle Produktion durch eine solche unmittelbare Einwirkung auf die Partizipialfunktion des heutigen Menschen, und diese Einwirkung ist zugleich eine der wirksamsten Waffen der Produktion und eine, die an der Schwelle aller industriellen Verderblichkeiten steht, nämlich die Werbung, die Reklame. Sie ist eine vorgeschobene Bastion, von der aus in laserstrahlartiger Bündelung die Intentionen der Industrie unseren Lebensraum bestreichen. An einer Auseinandersetzung mit ihr kann deshalb nichts vorbeiführen.

II.

Das ungelebte Glück – Struktur und Dynamik Der Werbung

Als ein Hauptinstrument der Industriellen Produktion intendiert jegliche Werbung auf dem kurzen Umweg über den Konsum die Produktion selbst, ihre Ausweitung und ihre Vergrößerung. Da nun die Produktion weitgehend losgelöst vom Bedarf ist, so wird, weiterhin, jegliche Werbung in erster Linie einen solchen Bedarf zu wecken und zu unterhalten haben. Es leuchtet ein, daß dazu die bloße Mitteilung über die Beschaffenheit eines Produktes nicht genügt, und tatsächlich ist es dem routinierten Werbefachmann eher unangenehm, daß das, wofür er wirbt, überhaupt beschreibbare Eigenschaften hat, denn es auferlegt ihm dies die oft nicht unbeträchtliche Mühe, sich eine eingehende, wirksame, sprachlich klischierbare Begründung dafür auszudenken, daß diese Eigenschaften, soweit es sich um sein Produkt handelt, anders, besser, erstrebenswerter, unentbehrlicher sind als jene, die allen anderen gleichartigen Produkten eignen.

Das führt von der Wirklichkeit weg, und so ist es der erste Wesenszug der Werbung, daß sie gleichfalls von der Wirklichkeit wegführt und sich sogar den Anschein gibt, als führte sie über die Wirklichkeit hinaus, in eine andere Welt, wo die Dinge eine andere Gewichtigkeit haben.

Hier vermag die Werbung auf ein uraltes Prinzip zurückzugreifen, das zudem den Vorzug hat, daß es dem Menschen bereits vertraut ist und seinem Bedürfnis nach Phantasie entgegenkommt, nämlich auf das des Märchens.

Die Welt des Märchens zeichnet sich durch eine spezifische Geschlossenheit aus. Es gibt in ihr keinen Raum, außer der requisitenhaften Raumhaftigkeit von Schlössern, Dörfern, Hütten oder Wäldern, die unperspektivisch bleibt. Es gibt dort keine Zeit, außer dem Ablauf der Handlung in einem sich sonst nicht verändernden Kosmos. Die Kausalität erschöpft sich in dem, was geschieht; es gibt daher nichts Unwirkliches. Die agierenden Menschen aber erschöpfen ihre Identität in einer Typologie. Rotkäppchen ist ein Mädchen mit einem roten Käppchen. Die Großmutter ist alt, der Jäger Funktionär seines Gewehrs, der Wolf böse. König und Königin sind Überhöhungen ihrer eigenen Rolle, ausgestattet mit wohlabgewogenen Merkmalen von lapidarer Konstanz.

Frei von der Dynamik einer anstoßenden Umwelt ist auch jener typologische Kosmos, der durch die Werbung in ihrer Gesamtheit statuiert wird: eine klimalose Zone des Heils, die den Wunsch entfacht, hineinzugelangen und teilzunehmen an dem dargestellten, erläuterten und garantierten Glück.

Ein Radio mit Digitaluhr weckt den an sich kaum mehr schlafbedürftigen Menschen, denn bereits wenige Stunden des Liegens auf einer Krokodila-Matratze verleihen die Frische und die Wildheit eines noch nicht alten Berserkers, und überdies hält auch die rheumaabweisende Decke Marke Powlia unangenehme Einflüsse fern. Nach dem Waschen mittels einer noch zusätzliche pflanzliche wilde Frische verleihenden Seife gerät der Mensch sofort außer sich vor Entzücken, denn der einmalige Genuß eines rrrröstfrischen Kaffees aus dem Hause Kraut & Rübo erwartet ihn. Dazu verspeist er Roggenbrot, Weißbrot, Brötchen, Mohnsemmeln und Kipfel, die sämtlich aus sorgfältig gebeiztem Saatgetreide hergestellt sind und, wie die Werbung zu berichten weiß, das Frühstück eines Königs ausmachen. Um ein hohes Alter zu erreichen, bestreicht man alles mit ungesättigten Fettsäuren, die auch noch Vitamine und wertvolle Aufbaustoffe enthalten und die in Banausenkreisen leider immer noch Margarine genannt werden, obwohl sie ein edles Nahrungsmittel sind. So es aber jemand mit der Landwirtschaft hält und Butter ißt, so mag es auch hingehen. Er bucht für sich den Gewinn, daß nur Butter schmeckt wie Butter. Das Radio, das geweckt hat, brüllt immer noch, läßt sich aber durch einen simplen Tastendruck dazu bewegen, mitzuteilen, daß nahezu alle Straßen an diesem Morgen hoffnungslos verstopft sind. Das tut nichts, denn auf dem Weg zum Arbeitsplatz stellt der Mensch den Autokassettenrecorder an und hört dort das gleiche Gedudel, wie es vordem aus dem Radio quoll, nur daß er jetzt als vollendetes Individuum und Herr über alle Lebenslagen selbst bestimmt, was er hört.

Sollte aber jemand tatsächlich noch mit der Straßenbahn fahren, so ist er selbst schuld. Er weiß offenbar nicht, wie man ein Auto finanziert. Dabei braucht er nur seine Sparkasse zu fragen, denn wenn es um sein Geld geht, ist die Sparkasse immer da.

Doch ebenso wie es im Märchen nicht nur Gesottenes und

Gebratenes gibt, sondern auch Glück an und für sich, ebenso gibt es für den Menschen quasi, das heißt nahezu, immaterielle Genüsse, und einen davon, und gleich einen der massivsten, verrät eine scheinbar sogar exklusive Werbung. „Lassen Sie die Nachbarn reden, lassen Sie sie sagen, Ihr Wagen sei alt und Ihr Haus brauchte einen neuen Anstrich. Nehmen Sie Ihre Frau und fliegen Sie mit ihr irgendwohin." Nach Paris, an den Südpol, nach Casablanca oder Bad Kissingen. Unterwegs werden Sie mit den zartesten Steaks und sogar mit flambiertem Pudding traktiert. Das Ganze nennt man ein unvergeßliches Erlebnis, und es kostet weniger, als man denkt, solange man nicht weiß, was es kostet. Doch das zu erfahren kostet wiederum nur einen Anruf bei der Luftfahrtgesellschaft Fallia.

Niemand braucht zu befürchten, er sei für derlei Eskapaden zu alt. Es gibt ein Präparat, bei dessen Entwicklung ganze Forschergenerationen ihre Hirne zuschanden gedacht haben, das aber nunmehr, dank der hohen Nachfrage, ganz preiswert ist und das dem Mann die Spannkraft und Elastizität eines Tigers verleiht und nur noch übertroffen wird von einem anderen Präparat, das alle Frauen ausnahmslos wieder jung macht und außerdem Ruhe und Gelassenheit gibt und Leistungsfähigkeit und Wohlbefinden verleiht.

Mag es sich um die Bedürfnisse eines Kindes im Mutterleib oder um die eines Greises am Tage seines Ablebens handeln, stets öffnet die Werbung eine Luke ihres Zaubermagazins, und das vergegenständlichte, potenzierte Glück wird zur Ebene des Bedürfnisses emporgestemmt.

Nun ist allerdings diese vorgebliche Welt, so wie sie als Konfiguration der Werbung nahtlos sich fügt, nicht einfach da. Sie ist auch keineswegs von den Objekten selbst abgeleitet, weil eine geradlinige Verknüpfung zwischen Werbung und Objekt entscheidende Nachteile hat. „Meyers Hosenträger sind die besten" ist gewiß ein kerniger Satz, aber er wirkt doch wie ein heroischer stumpfer Prügel in einer Situation, wo es auf krumme Säbel, Pfeile mit Widerhaken und Geschosse mit exakten ballistischen Kurven ankommt. Denn was bedeutet schon „gut" oder „am besten". Ein Mann, der die besten Hosenträger trägt, bleibt darum doch der gleiche wie zuvor, denn Hosenträger, wenn sie nichts anderes sind als die besten, werden nicht zu Schwingen, die ihn über sich selbst hinausheben. Die einfache Suggestion tut es nicht; nicht die Eigenschaften des Gegenstandes, sondern das Lebensgefühl des Umworbenen muß zum Zielpunkt aller Werbung werden und wird es auch, denn die Werbung ist meist viel mühsamer, sorgfältiger, raffinierter und haltbarer produziert als die Produkte, für die sie wirbt.

Ganzseitig erscheint ein Inserat eines Kaufhauses. Ein dümmlich grinsendes Mädchen trägt eine lange Hose, die durch einen unförmigen Gürtel von der Breite und dem Aussehen eines alten Treibriemens weit unterhalb des Nabels zusammengewürgt wird. Darüber einen halblangen Mantel mit abgeschnittenen Ärmeln. Vielleicht ist ein solcher Aufzug schön, elegant, vornehm, chic, sportlich, dezent, mutwillig, kleidsam oder charmant, aber leider kennzeichnen solche Beiworte alle Moderichtungen zu allen Zeiten. Es gilt, diese Begleitworte zusammenfassend zu resümieren, zu einer Aussage zu verdichten, die jeden als Antiästheten ausweist, der sich ihr nicht anschließt. Das sieht so aus: „Alles liebt den Chasuble look". Das vermittelt eine Art Geheimwissen, es schließt sich ein esoterischer Kreis, die Subjektivität des Geschmacks wird überhöht durch die Objektivität einer individuellen Begründbarkeit, die zugleich kollektiver Natur ist; und ebendeshalb ist seinerzeit vom Chasuble niemandem übel geworden, denn wie könnte das übelerregend sein, was doch alle lieben.

Doch auch diese suggestive Einbeziehung in ein künstlich aus dem Nichts geschaffenes Kollektiv reicht nicht immer aus. Bekanntlich ist im Leben jeder Genuß meist von einer Bedenklichkeit flankiert. Das fängt schon beim Trinken an. Hochkonzentrierter Akohol beispielsweise ist wenig bekömmlich, er führt zu schmerzhaften Lähmungen und Muskelschwund, zu Nervenentzündungen und Leberschäden, zu sozialem und charakterlichem Verfall. Das ist hart. Hart? Das ist das Ei des Kolumbus: der Trinker muß dann eben auch hart sein. Ein harter Tropfen für harte Männer, und schon ist alles in Ordnung. Und noch besser, es liegt doch auf der Hand, daß jemand ein harter Mann ist, *weil* er harte Tropfen zu sich nimmt.

Was aber ist mit den Damen, hart sollen die doch wohl nicht sein. Der Tropfen muß also wenn schon nicht seine Prozente, so doch seine Härte verlieren, was sich durch Zucker und Geschmacksessenzen, notfalls auch durch eine Destillation aus Früchten erreichen läßt. Jetzt aber muß der Tropfen selbst in den Hintergrund treten, sozusagen zugunsten seines Astralleibes, nämlich zugunsten von Assoziationen, die nur mit Hilfe des Tropfens zu wecken sind. Etwa bei einem Brombeerlikör: „Schenken Sie die schöne Welt der echten Kroatzbeere. Verzaubern Sie das Weihnachtsfest, und genießen Sie diese Welt. Die schönere Welt der echten Kroatzbeere." Würde man das, was weit heilsamer wäre, wörtlich befolgen, so erhielte der

Beschenkte ein Waldgrundstück, eben die Welt der Brombeere. Aber das ist nicht gemeint, daran denkt niemand. Denn es genügt, daß die Bedenklichkeit ausgeräumt, das latent schlechte Gewissen camoufliert ist. Wie, Sie haben Ihrer Frau hochprozentigen Likör geschenkt. Befürchten Sie nicht, sie könnte betrunken durchs Treppenhaus taumeln, die Hausarbeit vernachlässigen, die Kinder prügeln und schließlich in einer Nervenklinik landen, da ja doch die Zahl der Trinkerinnen ständig zunimmt? Aber ich bitte Sie um alles in der Welt, ich habe ja keinen hochprozentigen Alkohol verschenkt, nein, was ich verschenkt habe, war ja nur eine schöne Welt; die schönere Welt der echten Kroatzbeere.

Der Glanz einer Vision steigert sich durch den Kontrast zur Wirklichkeit, und tatsächlich benötigt die Werbung eben diesen Kontrast überall da, wo der Wirklichkeit selbst nichts abzugewinnen ist, weil sie so überschaubar ist, daß sie selbst dem ausgemachtesten Einfaltspinsel gegenüber nicht mehr anpreisend verdreht werden könnte. Ein Kühlschrank kann, um ein Beispiel anzuführen, nur eine einzige Sache, nämlich – kühlen. Dieses Effektes halber ist er da, und wenn er ihn vollbringt, so ist es ein guter Kühlschrank. Das ist natürlich etwas mager für eine Traumwelt. Deshalb proklamiert die Werbung lautstark eine kühne Prämisse: „Dieser Kühlschrank unterscheidet sich von allen, die Sie bisher kennen." Kühlt er besser, schneller, ausgiebiger, hat er einen geringeren Verbrauch an Strom? Nichts von alledem. Aber er hat eine „supertiefe Innentür", „Platz für 22 Eier", „zwei Einzelschalen für Obst und Gemüse" und, man staune, einen serienmäßigen Dekorrahmen. Nun es ist wahr, das haben andere Kühlschränke möglicherweise nicht – wenngleich sie dafür wieder anderen unnötigen Krimskrams anpreisen –, aber der oktroyierte Schluß: *weil* dieser Kühlschrank das hat, *weil* er sich unterscheidet, *deshalb* ist er besser, deshalb soll er gekauft werden, legt das innere Getriebe der Werbung ebenso bloß wie ihre bauernfängerische Unredlichkeit. Damit aber etwa solche ketzerischen Gedanken nicht erst aufkommen, so bezieht sich diese Werbung doch wieder auf das Kühlen und verziert ihren Firmennamen mit der Formel „Frische, die aus der Kälte kommt", hoffend, daß der Leser nun endlich überzeugt davon ist, daß solches nur bei Kühlschränken dieser Firma der Fall ist.

Überaus wirksam ist es, wenn die Werbung herausstellt, daß es der Industrie gelungen ist, höhere, bisher dem Menschen vorbehaltene Leistungen als Ausstattungsmerkmal einer Maschine anzuheften. Da werden elektrische Bohrmaschinen hergestellt, die DN 77, und es handelt sich hier um „die Kraft, die denkt". Denn „das ausdauernde 350-Watt-Triebwerk bezwingt auch härtesten Beton und Stahl bis 10 mm mühelos und schnell. Feinfühlig dagegen bohrt die DN 77 sauber exakte Löcher in Glas, Kacheln oder Hartholz. Das garantiert die elektronische Drehzahlregulierung mit Regelautomatik." Wie schwer mochte es wohl gewesen sein, eine „elektronische Drehzahlregulierung mit Regelautomatik" herzustellen. Die Werbung spekuliert – nicht mit Unrecht, wie sich leider zeigt – darauf, daß jedermann bei solchen Silbenverschlingungen die Vision in sich aufsteigen läßt, die Industrie bemühe sich Tag und Nacht darum, dem Menschen nicht nur die Mühen muskulärer Anstrengung, sondern auch die des Denkens abzunehmen, nur weil sie eine Bohrmaschine konstruiert, bei der man nicht mehr so genau wie bei anderen Bohrmaschinen darauf achten muß, wie fest man sie aufdrückt. (Denn *das* und nichts anderes ist das physikalische Prinzip der „elektronischen Regelautomatik".)

Von hier aus ist es nur ein kurzer Weg, der Einfachheit halber nicht für ein Produkt, sondern ganz global gleich für die es herstellende Firma als solche zu werben. Auch hier bemächtigt sich der Kernsatz gewalttätig des Lesers. „Sie haben mehr mit Frecher – das ist der Firmenname – zu tun, als Sie denken", und zwar deshalb, weil diese Firma an einem Autofahrer-Lenkungs- und -informationssystem arbeitet, das auch Schwachsinnige und Analphabeten dorthin bringt, wohin zu fahren man ihnen aufgetragen hat. „Ohne Ortskenntnisse, ohne Straßenkarte finden Sie den schnellsten Weg." Dieses System gibt es noch nicht, aber wie wäre es denn, man bezöge eines der Produkte, die es jetzt schon gibt, vielleicht eine Fernsehkamera, einen Kühlschrank oder ein Badezimmer. Wo doch so ein fabelhaftes Gerät in Aussicht steht und wir alle ohnehin mehr mit Frecher zu tun haben, als wir denken.

Der Effekt läßt sich noch steigern. In unserer Zeit wird viel von sozialen Belangen gesprochen. Wie großartig muß demnach eine Firma sein, die viel produziert, die gut produziert und die auch noch dafür sorgt, daß es armen Menschen besser geht. Beschämt erfährt der Leser, daß dies gerade durch jene Instanzen geschieht, denen man sonst nachsagte, daß sie in erster Linie den Profit erstreben, die multinationalen (in Wirklichkeit muß es natürlich heißen „internationalen") Konzerne. „Wir sind multinational. Darüber freuen sich Millionen." Denn die multinationale Autofirma, um die es sich handelt, baut Fabriken in öden, abgelegenen Gegenden mit niedrigem Arbeitslohn und errichtet Kundendienststationen. Man kann sich wohl nicht ausmalen, welche Folgen das hat, und deshalb teilt es das Inserat mit: „Das hat wieder Folgen: mancherorts wuchs der Bedarf an Automobilen... Kaufleute, Handwerker und Dienstleistungsbetriebe erhielten mehr Aufträge und brauchten mehr Mitarbeiter." Und endlich die Folgen der Folgen dieser Folgen, in denen die Katze aus dem Sack entwischt: „Mehr Menschen konnten besser leben. Mehr Menschen konnten ihr eigenes Auto fahren. Die Werke konnten *noch mehr* Autos bauen."

Es gibt aber auch eine konträre Methode von steigender Beliebtheit; statt der Belehrung über Banalstes wird dem Interessenten eine geradezu grandiose Sachkunde unterstellt, durch die allein er sich für ein Produkt entscheiden *muß*, will er sich nicht selbst seine Ignoranz eingestehen. Ein Photoapparat besitzt eine automatische, nachgeführte und eine manuelle Belichtungseinstellung, außerdem eine Offenblende-Innenmessung mit überlappender Abtastung durch 2 CdS-Photowiderstände, die am Pentaprisma angebracht sind. Einstellbare Filmempfindlichkeiten ASA 12 bis 3200, kontinuierliche Eingaben bis ± 2 Belichtungsstufen möglich sowie eine Blitzsynchronisation mit Umschalter für X oer FP. Elektronenblitz mit X synchronisiert, FP-Blitzlampen mit allen Zeiten. So geht es spaltenlang weiter, und es muß doch jetzt schon klarsein, daß nur ein solcher Apparat in Frage kommen kann, auch wenn der Mann, der ihn kaufte, keine blasse Ahnung nicht nur von der Technik, sondern auch vom Photographieren schlechthin hat. Er nimmt eine durch Ratenzahlung bewirkte erhebliche Verteuerung in Kauf, kommt mit der Bedienung des Zauberkastens nicht zurecht und legt ihn schließlich verärgert in eine Schublade, wo er die nächsten Jahre liegenbleibt, weil unser Mann, der eigentlich nichts anderes wollte, als gelegentlich ein paar Erinnungsbilder ohne Qualitätsansprüche im Urlaub zu knipsen, seine alte, einfache, aber den Bedürfnissen völlig entsprechende Kamera reumütig wieder in Betrieb genommen hat.

Aus dem komplizierten Dschungel technischer Daten läßt sich aber auch, unter völliger Aussparung der Wirklichkeit, ein höchst suggestiver Analogieschluß ableiten, dessen sich die Werbung bedient. Wir haben die Auswahl zwischen vier Tonabnehmern, und zwar Super M 400, Super M 401, Super M 412, Super M 422. Super, also erhaben, sind sie alle, das ist schon einmal beruhigend. Aber dann: während der Super M 400 konisch geschliffen ist, weist der Super M 422 einen biradialen 7 × 18-Mikron-Schliff auf, während der Intermodulationsgrad beim Super M 401 0,8 (1,5 p) beträgt, kommt der Super M 412 mit 0,7 (1,2 p) aus. Seitenlang werden solche

Unterschiede aufgeführt, doch bereits jetzt wissen wir der Super M 422 *muß* einfach besser sein als alle anderen Supers, er hat die höchste Wiedergabequalität; er muß her, koste es, was es wolle. Und es kostet, was die Industrielle Produktion will, denn was es wirklich kostet, ist nicht der Rede wert. Völlig geht dabei der Sinn eines Tonabnehmers unter, nämlich Musik hörbar zu machen. Völlig unter geht, daß niemand, kein lebendiges Ohr, den Unterschied in beiden Tonabnehmern *hören* könnte, weil sich solche Unterschiede wohl als Frequenzkurven verschiedener Art in Meßgeräten niederschlagen, sonst aber im Eigentlichen, im Bereich des Hörens wie im höherwertigen Bereich des Durchlebens der Musik, keine Entsprechung haben. Und wie verarmend, mehr; wie verblödend sich wohl die Industrielle Produktion wie auch ihr Instrument Werbung auszuwirken vermag, ergibt sich daraus, daß es Besessene gibt, die ihre prachtvolle Musikanlage auf höchste Lautstärke stellen, dann eine leere Platte auflegen und mit klopfendem Herzen und fliegenden Pulsen und voller Angst lauschen. Sie wollen nichts hören, sie dürfen nichts hören, denn das allerleiseste Geräusch wäre ja ein Nebengeräusch und Beweis dafür, daß es sich nicht um eine Super-Top-Hit-Hifi-Edelanlage handelt, für die jemand etwa 7000.– DM ausgegeben hat – um den Genuß zu erleben, *nichts* zu hören; nichts zu hören aus einem Gerät, das ursprünglich dazu dienen soll, eine Symphonie Beethovens oder ein Lied von Hugo Wolf in der Menschen Heim zu bringen.

Aber solche Erwägungen stellen sich selten ein. Das macht, die Werbung wirbt nicht nur, ihre Wirksamkeit sowohl wie ihre Infamie liegen zum nicht geringen Teil darin, daß sie gratis, dennoch aber wohl berechnet mit jedem Satz, mit jeder Abbildung etwas ins Haus liefert, das zu finden und zu bilden einer zerbrechenden Zeit immer schwerer wird: einen Standpunkt, eine Lebensanschauung. Die Werbung zeigt nicht nur die Dinge. Sie liefert eine Ideologie in des Wortes übler, ursprünglicher Bedeutung als ein von der Spekulation abgeleitetes universales Lebensrezept. Sie schreibt vor, wie man leben, welchen Standpunkt man sich selbst gegenüber, der Umwelt, den Dingen, Nachbarn, Freunden und Feinden gegenüber einzunehmen hat. Dadurch schafft sie ein antigeistiges Fundament: sie pflügt einen Acker, auf dem fortan Ratlosigkeit, Kritikschwäche und Infantilität großartig gedeihen. Sie hebt Eitelkeit, Dummheit und Anmaßung aus der Latenz und leistet damit einen gespenstischen Geburtshelferdienst, der den Status des ungelebten Glücks, das sie vorgaukelt, verfestigt. Das eigentliche Übel aber ist, daß sich die

Prinzipien der Werbung ganz allgemein applizieren lassen, auch da, wo es sich um Werbung für ein Produkt gar nicht mehr handelt. Die Art und Weise, wie man zu Fragen des Alltags, der Politik, der Kunst, der Wissenschaft Stellung bezieht, wie man Urteile über Menschen und ihr Tun und Lassen fällt, wie man fertige Systeme akzeptiert oder ablehnt, wird heute nachgerade von der Werbung übernommen. Sie ist ein Phantom und zugleich ein Bleiklotz, Verlockung und Terror in einem, sehr wirksam selbst in eigener Sache und ein Machtanspruch ersten Ranges. Zur Fehlnutzung menschlicher Daseinsmöglichkeiten trägt die Werbung Entscheidendes bei. Sie schränkt die Lebenswerte bewußt auf solche ein, die sich nur in einer sterilen Scheinwelt vorfinden, sie entzieht dem Menschen alle jene Kraft, die er dazu verschwendet, um in diese Scheinwelt vorzustürmen, ohne je darin Fuß fassen zu können, und sie stellt durch all dies nicht nur die existentiellen Markierungen, sondern den Wert des Lebens selbst in Frage.

III.
Das schartige Schwert –
das geminderte Vermögen zur Kritik

Die Wirksamkeit der Werbung steht außer Frage, die Erhellung einiger Werbestrukturen macht manches begreiflich. Doch selbst dann bleibt noch genug zurück, was in seiner Ungeklärtheit bedrückend ist. Wie, sollten tatsächlich alle Menschen, eine ganze Gesellschaft so abhängig, ja ausgeliefert sein, daß sie nichts, gar nichts Eigenes entgegenzusetzen hätten? Und das auch noch, wenn in Betracht gezogen wird, daß ja jedermann weiß, daß die Werbung einen oder mehrere Zwecke erfüllt, die eben nicht identisch mit den Interessen des Angesprochenen, sondern mit denen des Werbenden sind; daß jedermann bekannt ist, daß die Wahrheit nicht nur nicht gesagt zu werden braucht, sondern oft auf das sorgfältigste verdeckt wird, daß die Einseitigkeit und die Übertreibung auf der anderen Seite wesentlich das ausmachen, was sich als anreißerisch von einem einfachen Tatsachenbericht unterscheidet, und endlich daß alle diese Merkmale von nahezu allen Menschen teils mit leichtem Spott, teils mit Nachsicht und einem Quentchen Ärger konzediert, zugute gehalten werden, weil es halt eben die Werbung ist, und man weiß ja, daß man es da nicht so genau nehmen darf. Woher aber dann dennoch diese enorme Durchschlagskraft, diese bestimmende, verformende Gewalt? Ist der Druck kollektiver Ergriffenheit wirklich so enorm, daß ihm auch ein geschärftes Bewußtsein vergeblich entgegengestellt wird, oder sind einfach nur heute die konkreten Dinge, für die geworben wird, so verlockend, daß der Drang, sie zu erwerben, keine anderen Überlegungen aufkommen läßt, oder ist gar der Mensch in seiner Urteilskraft so stark geschädigt, daß sie entweder nicht mehr ausreicht, dem Menschen eine rechte Orientierung zu ermöglichen, oder gar daß er von ihr von vornherein nur spärlich und unvollständig Gebrauch macht? Mit anderen Worten: entspricht der Allmacht der Werbung eine Ohnmacht der Kritikfähigkeit?

Dadurch, daß sie gestellt ist, ist die Frage auch schon beantwortet.

Die Beeinträchtigung des kritischen Vermögens, die Unfähigkeit zu einer gemäßen Kritik, aber auch die Unlust hierzu reichen von lächerlich banalen Bereichen bis zu jenen, in welchen sich die dramatischen Entscheidungen über das Schicksal der Gesellschaft vollziehen, zwischen sich fassend die breite Sphäre, die den alltäglichen Lebensraum ausmacht. Die Zahl der Urteile, die festgelegt sind, die täglich neu klischiert werden, die selbst bereits das Merkmal des Produktes weit eher tragen als das eines Prozesses voll kritischer Dynamik, nimmt ständig zu. Fragte sich, um bei der Produktion zu bleiben, jemand ernsthaft, ob ihm ein Ding wirklich Nutzen brächte – eine elektrische Schreibmaschine beispielsweise jemandem, der nur zu Weihnachten einige dürftige Briefe an seine Verwandten schreibt; ob ihn ein Ding wirklich freut – eine zwanzigbändige Kunstgeschichte beispielsweise jemanden, der alle Jahre einmal, flüchtig um sich blickend, durch ein Museum läuft; ob er ein Ding wirklich braucht – einen komplizierten elektronischen Rechner, der die Cotangensfunktion beherrscht, beispielsweise, falls jemand nur seine simplen Einkäufe addieren will; ob ihm ein Ding wirklich das Leben erleichtert – eine Präzisionsquarzuhr mit einer jährlichen Minimalabweichung beispielsweise jemandem, der zu faul ist, sie auch präzis einzustellen, die Antwort wäre sicher nicht zweifelhaft: die Menschen würden sich alle unter den genannten Umständen gegen den Erwerb des Produktes aussprechen. Aber, und hier beginnt das Erschreckende, solche Fragen werden nicht gestellt, mehr noch, manche Menschen kommen noch nicht einmal auf den Einfall, daß solche Fragen stellbar sind, weil sie alle in ihrem Urteil bereits festgelegt sind und der Schluß: Etwas ist gut, also ist es auch gut für mich, nachgerade zum Automatismus zu werden droht.

Eine flagrante Kritiklosigkeit steht an der Wiege eines platten Optimismus, der weit ärger und verheerender als die düsterste Schwarzmalerei ist, weil er die Gefahren verdeckt und Auseinandersetzung und Bewältigung verhindert. Ein unkritischer Fortschrittsglaube, meist von jener dummdreisten Art, wie er in Illustrierten und Digests Fuß gefaßt hat, ist letztlich die Folge davon, daß der Mensch nicht mehr kritisch seine eigenen Grundlagen durchleuchtet oder sich auch nur hierum bemüht und nicht mehr nach dem Woher und Wohin fragt, sondern sich in einer Art und Weise treiben läßt, die das Ärgste ankündigt, das es für den Menschen überhaupt gibt: da fatalistisch zu sein, wo er als Geistwesen zwingend zu einer Orientierung und zu einem daraus erfließenden konkreten Verhalten verpflichtet ist. Mit der häufig anzutreffenden Meinung, die Bedrohung durch Wasserstoffbombe und biologische Kriegführung, die Eingriffe in den Mutationsmechanismus der Gene und die tödliche Erwärmung der Gewässer und der Atmosphäre als Folge gewisser Produktionen seien so gefährlich nicht, mit der Meinung also, das alles werde schon recht gehen, werde sich beizeiten schon von selbst machen, werde sich schon „organisch entwickeln" oder „konstruktiv lösen lassen", ist das Niveau eines kleinen Kindes, das vor Bedrohlichkeiten, die es nicht erklären kann, einfach Angst hat und davonläuft, weit unterboten.

Unsere Epoche kann aber Kritik nicht nur nicht üben, sondern auch nicht vertragen. Jeder Journalist weiß das und trägt dem Rechnung, indem er es ängstlich vermeidet, eine Stellung zu beziehen, ohne sofort eine Menge abschwächender oder aufhebender Gegenargumente auszuspreiten, etwa zu sagen, ein Buch habe auch stellenweise weniger begeisterte Aufnahme gefunden, doch enthalte es dennoch viel Überlegenswertes.

Vor einigen Jahren wartete ein Minister auf einen Zug, der beträchtliche Verspätung hatte. Der Minister rügte dies; mit Recht, denn eine Verspätung ist stets eine vermeidbare Schlamperei. Die Folge war ein wütender Protest der Eisenbahner, die mit nicht zu überbietender Borniertheit proklamierten, Tausende von pflichtbewußten Beamten täten bei der Eisenbahn Dienst, und das sollte man eher anerkennen, als sich über eine Mißlichkeit zu erregen.

Ein Arzt von Weltruf erhielt von der Verwaltung eines Krankenhauses seine Kündigung, und dies wurde mit nichts anderem begründet als damit, daß er an Einrichtungen des Hauses Kritik geübt hatte. Was die Kritik zum Inhalt hatte, ob sie wahr oder falsch war, darüber wurde nicht gehandelt, und das Üben von Kritik wurde auch von den Rechtsinstanzen als Kündigungsgrund anerkannt.

Aber auch wer nur in einem Geschäft etwas kauft und dessen Aussehen oder Qualität kritisiert, darf einer unhöflichen Pikiertheit des Verkäufers gewiß sein, und deshalb gibt es heute den kritischen Kunden weit weniger häufig als den eingeschüchterten, der einen Widerspruch nur scheu, sozusagen um Entschuldigung bittend, eben gerade wagt.

Die Scheu vor Kritik hat historische Wurzeln. Im 19. Jahrhundert war man, obwohl dies das Jahrhundert war, in dem das Sterben einer Epoche bereits begann, einer durchdringenden und eingehenden Auseinandersetzung mit den Dingen durchaus noch fähig und kultivierte diese Art des Geisteslebens. Nun erfordert aber ein jedes Werturteil, daß der, der es fällt, es auf eine verbindliche Wertordnung beziehen kann. Bricht diese Ordnung, aus welchen Gründen immer, auseinander, so kommt den Menschen die Fähigkeit abhanden, kritisch zu leben, weil niemand mehr recht weiß, woraufhin er die Dinge sichten soll, und weil er gar zuletzt nicht einmal mehr weiß, warum es dringend not tut, die Dinge zu sichten, vor allem aber sich kritisch mit allem jenem auseinanderzusetzen, was die Zeit als geschichtliche Dimension bestimmt. Denn Kritik ist ein Anspruch des Verstandes, ein Instrument jenes Rationalen, durch welches der Mensch als Lebewesen überragt. Kritisch-analytisches Wägen steht dem objektiven Erkennen so nahe, als dies überhaupt möglich ist, und erhält die Instanz Individuum am Leben, weil die kritische Auseinandersetzung das strikte Gegenteil des klischierten, zweckadaptierten und sprachlich appretierten Kollektivurteils ist.

Freilich, es gehört sehr viel Kraft dazu und sehr viel Mut, alles dauernd kritisch zu sichten und nichts als gegeben im Sinne eines vorweggenommenen Urteils, von dem niemand zu sagen vermöchte, warum und wie es seinerzeit zustande kam, hinzunehmen. Die Menschen unserer Zeit haben indes einen anderen Weg beschritten, sie haben ihre Affekte, haben ihre Wünsche, haben das Kollektiv ihrer Unbewußtheiten an die Stelle ihrer kritischen Vernunft treten lassen und könnten als Motto jenes subalterne Wort, das ebensogut als Spruchband über jedem Warenhausausverkauf flattern könnte, gewählt haben: Ein König ist der Mensch, wenn er träumt, ein Bettler, wenn er denkt. Naturgemäß führt ein solches Wort nicht nur in das grelle Bunt des Traumes, sondern in die dunkle Nacht der Unbewußtheit.

Sobald die Kritikfähigkeit schwächer wurde, sobald sich die Menschen nicht mehr in der gemäßen Weise einen Standort schaffen konnten, wurden sie mehr und mehr zu Massenwesen. Es entstanden Massenbewegungen, welche Massenziele aufstellten, plumpe, rohe Massenideale waren Wegweiser nach der Totalität von Massen, und all dies führte und konnte nirgendwohin anders führen als zur Massenvernichtung, wie sie vor und während des Zweiten Weltkrieges tatsächlich vor sich ging.

Durch Mangel an Kritik und durch Mangel an Kritikfähigkeit wurde der Zwang zur umnachtenden Hypostasierung möglich, so wie er sich in den Niederungen der Parteiprogramme zeigt. Die Einzwängung aber hatte keine Barrieren der Kritik zu durchbrechen, und so blieb sie nicht nur unerkannt: sie wandelte sich zum Aberglauben, wurde in ihren Inhalten aktiv ergriffen und ermöglichte es solcherart Millionen von Menschen, verbrecherischen Monstren wie Hitler Gefolgschaft zu leisten, und ergriff darüber hinaus auch diejenigen, die das konkrete widermenschliche Gebilde Nationalsozialismus bekämpften und besiegten. Denn auch die Gegner mußten als Masse ihren Kampf austragen und haben ihn als Masse und nicht als ein Verband von freien Individuen gewonnen. Während des Kampfes aber haben sich die Methoden beider Seiten immer mehr einander angenähert, bis sich beide schließlich nur in ihren Inhalten und Zielen unterschieden. Gewiß, es war dies, was den konkreten geschichtlichen Ablauf betrifft, ein gewaltiger, ein entscheidender Unterschied. Aber dennoch waren selbst die Gegner des Nationalsozialismus nicht schlechthin oder gar kategorial dessen Gegenteil. Sie teilten mit ihm den Mangel an geistigem Durchdringungsvermögen, den Mangel an Kritikfähigkeit. Sie leierten mit gleicher Indolenz seichte Phrasen, sie spulten die Kette von Parolen auf Zeitungsüberschriftniveau ab und waren so blind, daß sie beispielsweise glaubten, mit der Vernichtung des installierten nationalsozialistischen Apparates zugleich auch den Nationalsozialismus als Anspruch und die Latenz zum inhumanen System mit Totalanspruch vernichtet zu haben: ein Fehlurteil, als dessen endliche Folge man das Hinübernehmen damaliger Positionen in andere Bereiche, wo diese Positionen nun gut getarnt sind, zu erkennen vermag. Hier ist zu nennen die Unduldsamkeit der Industriellen Produktion, ihre Gleichsetzung von Programmen mit Werturteilen, der Kampf, geführt mit allen Mitteln der Suggestion, gegen den Geist als kritische Instanz des Individuums und die stimmlauten Massenbeschwörungen mittels eigens ausgearbeiteter Klischees, die – Worte sind eben verräterisch – bezeichnenderweise durch Massenmedien verbreitet werden. Das ist einer der Gründe, weshalb viele der heutigen Werbesprüche, aber auch viele „Leitvorstellungen", viele „Meinungsbildungsprozesse" und viele „sachbezogene Entscheidungszwänge" auch in Bereichen, die gar nichts mit Politik zu tun haben, eine Zeit zu assoziieren vermögen, wo jeder, der nur die Andeutung einer Kritik wagte, sich bloßstellte und jeder, der die Kritik selbst aussprach, in einem Konzentrationslager verschwand.

Damit ist natürlich nicht gesagt, daß etwa die Industrielle Produktion Gewalttaten intendierte oder gar Konzentrationslager einrichten wollte: aber die Bereitschaft, ja der heftige Drang, Kritikschwäche zu fördern und auszubauen, Kritik selbst tunlich zu unterbinden und überhaupt jegliche Art geistiger Unredlichkeit zu tolerieren, zeigt doch deutlich, daß Zeitsignaturen ineinander über-

43

gehen können, daß die eine funktionsbereit im Magazin der anderen konservierbar ist, daß der totale Anspruch des Nationalsozialismus erhebliche Gemeinsamkeiten hat mit dem totalen Anspruch der Industriellen Produktion, weil beides Systeme sind, die sich absolut setzen, was letztlich *jedes* System notwendig inhuman machen muß.

Es ist und bleibt nun freilich ein durch nichts wegzuschaffender Anspruch des Menschen, sich mit dem, was es gibt, dennoch in irgendeiner Weise auseinanderzusetzen. Denn, und das hat nahezu die schwer eliminierbare Kraft eines Instinktes, es kann dem Menschen nicht verborgen bleiben, daß das Leben an Sinn und Bestimmung gewinnt, je vollständiger eine Auseinandersetzung gelingt. Dabei gibt es Grenzen, die durch zwei Momente vor allem markiert sind. Wenn die Bewältigung der Lebensabläufe die menschliche Kraft schlechthin übersteigt, so müssen die Abläufe selbst hingenommen werden wie Naturkatastrophen, die sich durch reine Erkenntnis weder ändern noch anders bahnen lassen. Doch hier geht es um ein einfaches dynamisches Mißverhältnis, das sich verhältnismäßig selten isoliert vorfindet. Zum anderen aber ist eine Grenze dort erreicht, wo die Fülle der Erscheinungen über das allgemeine Fassungsvermögen hinauswächst. Die Erscheinungen können dann nicht mehr lückenlos gesichtet, es kann über sie nichts mehr Vollständiges ausgesagt werden, und sie stehen deshalb zur aktiven Auseinandersetzung im Leben nicht zur Verfügung. So wird heutzutage kaum jedermann ohne weiteres in der Lage sein, anzugeben, was ein piezo-elektrischer Effekt ist, wozu er dient und wie er zu berechnen ist. Dies wird vielmehr zu einem Stück Spezialwissen einiger weniger, die man befragen muß, will man es für sich zugänglich machen.

In unserer Zeit nun tritt ein Phänomen auf und breitet sich mit unerhörter Schnelligkeit aus, ja legt sich recht eigentlich erstickend über den Gesamtablauf von Erkennen und Auseinandersetzung, strudelt, was es an Aktivität, kritischem Durchdringungsvermögen und an Individualität irgend noch gibt, gierig in sich hinein und wird nachgerade zu einem Unterweltwesen, das Menschen frißt und Roboter ausspeit. Dieses Phänomen wird dadurch faßbar, daß es, noch weit im Vorfeld der Grenzpositionen, zu einer allgemeinen Kapitulation der Menschen vor den Lebenserscheinungen kommt; zu einer Kapitulation auch da, wo die Fülle der Erscheinungen nicht erdrückend, wo ihre Bewältigung nicht überschwer, wo vielmehr beides eher einfach wäre, würde man sich nur daranwagen. Ebendas geschieht nicht: die Kapitulation vollzieht sich zugunsten eines naturgeschichtlichen neuen Typus, dem man, mitunter auch noch aufatmend, magische Kräfte zuschreibt und den man „Experten" nennt. Er, so hofft man, wird durch sein Votum alle anderen Menschen der bitteren und peinlichen Mühe einer kritischen Auseinandersetzung entheben, was er um so besser können müßte, als man von ihm erwartet, daß er ohnehin alles am besten weiß.

Dadurch allein aber wird der Experte zu etwas ganz anderem als etwa nur zum Sachkundigen. Denn bei ihm geht es erst in zweiter, dritter oder gar vierter Linie darum, wieviel oder wie wenig er sich selbst vordem kritisch orientiert hat, wie oft oder wie selten er irrt, wie trefflich brauchbar oder wie wenig nützlich er ist, vielmehr wird er danach eingeschätzt, bis zu welchem Grad er imstande scheint, den Wünschen und Hoffnungen zu entsprechen, die man auf ihn projiziert. Welchem geistigen Bankrott dies gleichkommt, springt sofort aus der Kulisse, sobald man sich den Erscheinungen im einzelnen zuwendet.

Eine seiner gravierendsten Wirkungen entfaltet der Experte auf dem Gebiet der Erziehung.

Erziehung ist deshalb notwendig, weil der Mensch ein Wesen ist, das, im Gegensatz zum Tier, nicht von selbst zu dem wird, als das es angelegt ist, weil der Mensch eben nicht ganz von selbst das tut, was ihn befähigt, im Idealfall ein Gesellschaftswesen und ein Individuum zugleich zu werden. Vegetative Ansprüche, Triebe, Affekte, das Unvermögen des Kindes, sich zureichend zu orientieren, einen Lebensplan zu entwerfen, überhaupt anders als nur für den Augenblick berechnet zu reagieren, schließen es aus, ein Kind einfach sich selbst zu überlassen. Erziehung wird also immer heißen, einem Kind zu helfen, etwelcher Werte willen die Unlust und Trägheit aus der Welt der Affekte zu überwinden. Und die Freiheit des Geistes: sie ist nur möglich innerhalb einer Ordnung und muß sich, als Mindestforderung, gegen die Unfreiheit begrifflich abheben. Die Experten meinen es anderes. Sie stellen sich Systeme vor, in denen, allerdings nur vorgeblich, jeder tun kann, was er mag, solange er die Experten ehrt und ihre Meinung zu der seinen macht. Dadurch versuchen sie, das gesamte Erziehungsproblem zu eskamotieren, und heißen all dies „antiautoritäre Erziehung", die übermäßig simple Tatsache völlig aus den Augen verlierend, daß mit dem Antiautoritären, soll das Wort überhaupt einen Sinn haben, stets nur gemeint sein kann die Zurückweisung von persönlichkeitseinengenden Ansprüchen, von ungerechten Ansprüchen, ja daß damit sinnvoll nur gemeint sein kann die Gegnerschaft zum Antihumanen überhaupt, welche Gegnerschaft dann allerdings in einer so späten Zeit wie der unsrigen vordringlich ist wie nichts sonst. Wer sich aber unter Gefahr dem aktuell Unmenschlichen, den Systemen des Unmenschlichen und ihren Repräsentanten entgegenstellt, der muß auf einem Fundament der Ordnungen stehen, in denen insoweit Autorität herrscht, als jeder darin den Rang einnimmt, der ihm seinem Wert nach zukommt. Annulliert man dieses Prinzip, so leistet man der Selbstentleibung einer ganzen Gesellschaft Vorschub, und das ist letztlich dann nichts anderes als die unausweichliche Folge davon, daß man die kritische Auseinandersetzung auf einen Popanz delegiert, statt sie unablässig, ungeachtet der vielen Fallgruben und uneingeschüchtert von den vielen Gefahren, die sie mit sich bringt, selbst zu üben.

Solche Übung übersteigt keineswegs jene geistigen Kräfte, über die die meisten Menschen verfügen, so sie nur willens sind, sie zu mobilisieren. Es erfordert eine erhebliche Raffung, eine Steigerung des Bewußtseins bis zur hellen und hellsten Wachheit, eine Absage an ein müheloses, bequemes Gleiten auf dem elektronisch ferngesteuerten Krankenfahrstuhl kollektiver Banalitäten, dessen Räder, weicher als auf Gummi, auf seidenweichen Leerphrasen laufen, doch es nötigt solche Übung niemandem den Erwerb von Spezialwissen ausgefallener Art auf, nötigt niemanden, der von seiner natürlichen Kritikfähigkeit Gebrauch machen will, vorher etwa ein Experte zu werden. Ja es wird derjenige, der sich auf die Zehenspitzen gestellt hat und deshalb über die triste Mauer primitiver Schemata hinwegblicken kann, zu seiner Überraschung entdecken, daß er eine ganze Reihe von Regeln oder gar Gesetzmäßigkeiten aufzuspüren in der Lage ist, die von Belang sind beim kritischen Erfassen und Durcharbeiten eines Dings oder eines Ablaufes. Es ergibt sich hier eine Stufenleiter, je nachdem wie stark die affektive Vernebelung bei einem Klischee ist, je nachdem ob die Apodiktik eines künstlich erzeugten Meinungsterrors oder die Unterschiebung einer bereits in sich falschen Prämisse einer klischeehaften Schlußfolgerung den Kern der Kritikfeindlichkeit ausmacht.

Bei der Werbung, so haben wir gesehen, steht der unmittelbare Zugriff affektiver Art im Vordergrund. Dem läßt sich mit einer Methode begegnen, die man kritische Interferenz nennen möchte. Als Interferenz bezeichnet man in der Physik, einfach ausgedrückt, das gegenseitige Beeinflussen von Wellen. Trifft zum Beispiel in der gleichen Phase ein Wellenberg mit einem Wellental zusammen, so reduziert sich die Wirkung zu Null. Setzen wir also der Werbung eine Antiwerbung entgegen, und sehen wir dann zu, was von den

ursprünglichen Aussagen und den ihnen innewohnenden Affekt-
angeln übrigbleibt:

„Selbständig sein. Sich herausheben aus der Masse. Das kann nur,
wer auch eigene Sorgen hat, die ihm niemand abnehmen kann. Wir
verschaffen Ihnen solche Sorgen, und das kostet sie keinen Pfennig.
Treten Sie unserer Bausparkasse bei. Zu garantiert höchsten Zinsen
stellen wir für Sie ein Grundstück bereit in einer Gegend, in der
weder Sie noch Ihre Kinder je werden wohnen wollen. Es liegt direkt
an einer Autobahn. Keine Angst, daß Sie sich an den vollen Orgel-
ton der Tag und Nacht vorbeirasenden Autos gewöhnen; es ist auch
noch ein Flugplatz geplant. Und das alles, obwohl Sie bisher gar
kein Haus bauen wollten. Füllen Sie beiliegende Karte aus, und
schon beginnt es: Sie kommen aus Sorgen und Ärger nicht mehr
heraus und erleben ein neues, Ihnen bisher völlig verborgenes Welt-
gefühl.“

„Seien Sie nicht rückständig. Trennen Sie sich von Opas Radio
und vor allem von Ihren noch völlig intakten Lautsprechern. Untersuchungen in Amerika haben bewiesen, daß diese viel zu schwach
sind, um Ihr Gehör dauerhaft zu schädigen. Lassen Sie sich unsere
Superboxen kommen, und zahlen Sie dafür nur das Zehntausend-
fache des Materialpreises. Dieses günstige Angebot können wir
Ihnen machen, weil unsere Entwicklungskosten so günstig sind. Wir
schauen nämlich alles von der Konkurrenz ab, obwohl wir dem
Finanzamt gegenüber hohe Forschungsunkosten geltend machen.
Dadurch wiederum sind wir in der Lage, außerordentliche Gewinne
zu erzielen. Unser Juniorchef, der sich das ganze Jahr in St-Tropez
herumtreibt, versorgt uns überdies mit den neuesten Dessins, die
er ausländischen Zeitschriften entnimmt. All das fördern Sie und
sichern unsere Zukunft, wenn Sie die beigefügte Karte angekreuzt
zurücksenden. Bei Barzahlung nur 30% Aufschlag.“

Und schließlich noch ein besonderes verlockendes Angebot: „Sie
würden gern einen Sportwagen fahren, aber Ihre Familie ist dagegen;
sie meint, das sei unnötig, kostspielig und Sie könnten gar noch ein
Krüppel werden. Seien Sie unbesorgt. Extra für solche Fälle wie den
Ihrigen haben wir unseren Super NeP gebaut. Mit dem Aussehen
einer braven Limousine. Doch dann: 145 PS, mehrere, sowohl oben
als auch unten liegende Nockenwellen (zur Reserve), harte Schalen-
sitze, rahmenlose Fenster, klappernde Türen, quietschende Reifen
(auf Wunsch gegen Aufpreis) und betonharte Stoßdämpfer. Und
eine Beschleunigung. Ehe Sie es sich versehen, sind Sie schon am
nächsten Hindernis gelandet. Und noch eines: fürchten Sie nicht,

sich bei einem Unfall zu verletzen. Unsere Karosserie besteht aus so dünnem Blech, daß selbst bei leichten Karambolagen der Tod mit Sicherheit eintritt. Deshalb, überlisten Sie Ihre vernünftige Familie, bestellen Sie unseren Vertreter nebst unserem Super NeP, und freuen Sie sich an dessen unmäßigem Benzinverbrauch, solange Sie noch leben."

Wir sehen, die Interferenz wird wirksam. Denn tatsächlich ist der Ärger, den ein unbedachter Hausbau verursachen kann, riesig und wäre vermeidbar für Tausende, hätten sie vorher ähnliche Erwägungen angestellt. Sie wären jetzt nicht die zermürbten Sklaven eines Besitztums, das ihr Lebensgefühl nicht hebt; auch wenn sie versuchen, sich das einzureden, setzt sich die Wirklichkeit jeweils nach wenigen Minuten durch. Tatsächlich läßt sich Geld sehr viel sinnvoller ausgeben, tatsächlich läßt sich durch Geld Bereichernderes erschließen, tatsächlich lassen sich mit Geld bessere Werke tun, als eine Firma damit zu füttern und ein Produkt zu erwerben, das keinen, aber wirklich keinen Lebensgewinn mit sich bringt, weil sich die Auswirkungen des Produktes der Wahrnehmung entziehen. Und tatsächlich könnte man die nervöse Unrast vermeiden, die jeden Besitzer eines schnellen Wagens plagt, der mühsam und zentimeterweise innerhalb einer Autokolonne von unübersehbaren Ausmaßen, einer Schnecke gleich, aber ohne deren Gelassenheit, die Straße entlangkriecht. Und vermeidbar wäre die lastende Gepreßtheit durch vielfältige und hohe Schulden, die ein Mensch machen muß, der durch eine Werbung verführt wird zu etwas, das an und für sich außerhalb seines eigenen Lebensbereiches liegt. Und auch die Dissonanzen mit der Familie, die sich auf eine so primitive Weise, wie es die Werbung verheißt, natürlich nicht hat täuschen lassen, hätte es nicht gegeben, ganz zu schweigen von der Gefährdung, die ein schneller Wagen in unrechten Händen – und jemand, der nur infolge der Werbung zu dem Wagen fand, hat stets die unrechten Hände – anrichten kann. Das, was nach der Interferenz durch die Antiwerbung übrigbleibt aber, das kann nun – aber immer noch sehr kritisch – gesichtet, gewogen und in Betracht gezogen werden, und jeder, der so vorgeht, wird ein viel besseres, ursprünglicheres, man könnte sich beinahe verleiten lassen zu sagen: natürlicheres Verhältnis zu einer Sache finden und wird, vor allem, frei von den von ihr ausgehenden Pressionen sein. Und unter solchen Umständen verschlägt es noch nicht einmal viel, wenn jemand etwas Unnützes, etwas, das an sich über seine wirklichen Bedürfnisse hinausgeht, erwirbt oder besitzt – sobald und solange er sich eben dieses

Umstandes bewußt bleibt. Denn hier kann der Spielraum des Luxus beginnen, der auch seine Funktion im menschlichen Dasein hat, so es sich nur um echten Luxus handelt – und nicht etwa um glasierten Humbug.

Häufig wird eine kritische Würdigung verfehlt, weil man die Suggestion, die einem Vorgang anhaftet, weil man den Nachahmungstrieb und die Symbolkraft, die sicher Größen sind, die man einbeziehen muß, dennoch weit überschätzt. Wir lesen da etwa in der Zeitung, daß in Amerika die Viehzüchter auf den amerikanischen Präsidenten erbost sind und toben. Im Weißen Haus wurde nämlich am „Tag der Nahrung" den Gästen eine fleischlose Mahlzeit serviert. Das aber können die Viehzüchter nicht brauchen, weil es so aussehen könnte, als gäbe der Präsident einer vegetarischen Kost den Vorzug, und davon wieder gehe eine Signalwirkung aus, und „dies könnte die Viehwirtschaft, bedeutendster Teil der amerikanischen Landwirtschaft, in schwere Bedrängnis bringen". Nein, nichts dergleichen wird sich ereignen. Wer gern Fleisch ißt, und das tut nahezu jeder, der läßt sich auch vom Präsidenten nichts vorexerzieren, und in Bedrängnis kann ein solcher Koloß wie die amerikanische Viehwirtschaft überhaupt durch nichts geraten, es sei denn durch eine noch größere Viehwirtschaft in einem konkurrierenden Land; Austüftelungen dieser Art sind unnütz und lächerlich und widerlegen sich als kritischer Anspruch selbst. Sie lohnen die Zeit nicht – ein geistiger Aufwand ist gottlob nicht damit verknüpft –, die man daransetzt.

Weit gefährlicher ist eine andere Manier, nämlich durch Tarnung mit etwas scheinbar Gutem, Erstrebenswertem die Kritik abzuleiten, so daß sie ihr eigentliches Objekt verfehlt und sich meist bereits im Ansatz totläuft. Da kündigt etwa ein Politiker an, seine Partei sei dafür, daß Kinder mehr Möglichkeiten der Mitwirkung und Mitgestaltung in ihren eigenen Angelegenheiten hätten, und deshalb sei ein Gesetz erforderlich, das die Verpflichtung der Eltern festlegt, „auf den Willen des einsichtsfähigen Kindes Rücksicht zu nehmen und alle Maßnahmen der elterlichen Sorge mit ihnen abzustimmen". Das werde dann gewährleisten, daß die Kinder „eine differenzierte Teilhabe an allen sie berührenden Angelegenheiten erhalten". Das will man durch Erweiterung der Rechte des Vormundschaftsgerichtes sicherstellen. Schon der unschöne sprachliche Schwulst, im Nachrichtensprecherstil einherstelzend, gebietet äußerste Vorsicht, Zweifel und Mißtrauen. Wer so spricht, von dem ist ganz unklar, ob er überhaupt irgend jemandes Wohl im Auge hat oder auch nur haben kann. Aber zur Sache selbst. Die primitive Unterstellung, Kinder seien Erwachsene, nur eben kleiner, sie seien „einsichtsfähig" und wüßten zu unterscheiden, was in Wahrheit „ihre eigenen Angelegenheiten" sind, stellt die Wirklichkeit erst einmal radikal auf den Kopf. Natürlich kann und soll man auf die Wünsche von Kindern Rücksicht nehmen, wenn dies mit den Interessen des Kindes vereinbar ist, doch wird ein solches Ermessen notwendig dem Erwachsenen vorbehalten bleiben und eben seine Erwachsenenverantwortung begründen. Hier aber handelt es sich nicht um das Kind, es ist das Objekt, auf welches abgelenkt werden soll eines der Attentate auf die Familie. Ihre eigenständigen Rechte sollen beschnitten, ihre Einheit dadurch gestört werden, daß der Schmirgel der Zwietracht, verpackt in der Tüte der Vormundschaftsgerichtsbarkeit, parat gehalten wird. Die nackte Macht des Staates zu erweitern, die Familie zum beaufsichtigten und dirigierten Zusammenschluß zu degradieren, *das* und nichts anderes ist das primäre Ziel, doch so formuliert, wäre es freilich nicht annähernd aussprechbar und noch weniger verwirklichbar. Um so wichtiger ist es, solche sich wie Schmalz auf die Ohren legenden Phrasen wie Ohrenschmalz zu behandeln: sie zu entfernen, um sodann unschwer herauszuhören, was echt, was falsch ist.

Ein weiterer, ebenso bösartiger wie wirksamer Trick, um Kritik auszuschalten, ist die absichtliche Vertauschung von Kausalität und Finalität, wobei beides noch auf Verschiedenes so bezogen wird, als sei es einheitlich. Ein anderer namhafter Politiker belehrt die erstaunte Umwelt darüber, daß Kommunalpolitik kein reiner Pragmatismus sein dürfe. „Ohne konsequente Verfolgung gesellschaftspolitischer Ziele und ohne daß die Grundwerte einer neuen Gesellschaftsordnung die Inhalte und die Praxis unserer Kommunalpolitik bestimmten, würde die politische Arbeit unserer Partei ziel- und sinnlos werden."

Kommunalpolitik, nun das ist die Regulierung sämtlicher Angelegenheiten der Menschen in einer Gemeinde. Daß genügend Wasser und elektrischer Strom da ist, daß der Müll abgefahren, Kindergärten eingerichtet, Krankenhäuser erweitert oder neu gebaut, Parks und Spielplätze in Ordnung gehalten werden, daß für ein ausreichendes Maß an Sicherheit gesorgt wird, daß die Straßen nicht an die alte Via Appia erinnern, daß die Mitglieder der Gemeinde ein kulturelles Leben aufrechterhalten und an ihm teilhaben und vieles, vieles andere, ähnliche mehr. Nun aber, wo ist hier ein Raum für die „gesellschaftspolitschen Ziele" einer Partei, was doch nur heißt für eine

Erweiterung der Sphäre, auf die sich die reale Macht der Partei richtet, wo ein Platz für die „Grundwerte einer neuen Gesellschaftsordnung", die doch nichts anderes sind als die Summe jener Theorien und Spekulationen, die diese Macht ermöglichen und erhalten soll. Und wo steht geschrieben, daß die politische Arbeit irgendeiner Partei nicht ohnehin und von Anfang an sinnlos ist, eben *weil* sie nicht die Kommunalpolitik und damit das Gemeinwohl, sondern ihre privaten Machtansprüche (gesellschaftspolitischen Ziele) über alle anderen Ansprüche und Ziele stellt und dies auch noch ausspricht, weil sie zumindest ihre Wähler für so dumm hält, solche Einkleidungen und Verdrehungen nicht zu durchschauen.

Dabei springt die unzulässige Gleichsetzung von „Politik" und „Kommunalpolitik" in den Worten unseres Politikers ins Auge und desgleichen, daß es etwas Grundverschiedenes ist, Politik „gesellschaftspolitischer Ziele" willen zu betreiben oder Kommunalpolitik der Menschen in einer Gemeinde wegen zu betreiben. Bereits ein Minimum an Auseinandersetzung würde jedermann hier weiterbringen, und die Voraussetzungen dafür liegen nur darin, daß man sich mit dem, was jemand sagt, nicht von vornherein, nicht ohne weiteres, nicht unbesehen zufriedengibt. Hier ist auch kein Raum für jene schwächliche Resignation, die von vornherein dazu rät, keine Stellung zu beziehen, da man ja doch nichts ändern kann. Das nämlich ist ein Irrtum. Jedwedem Ändern geht das Erkennen einer möglichst umfassenden und unverfälschten Wirklichkeit voraus, und wer immer sich um solches Erkennen bemüht, indem er kritisch Stellung bezieht, hat bereits Erhebliches zumindest zu den Voraussetzungen einer Änderung beigetragen.

Spricht heutzutage ein Staatsmann zur Geschichte, so kann man sicher sein, daß er in erster Linie sich und sein System lobt und alle Widrigkeiten früherer Zeiten darauf zurückführt, daß damals sein System nicht in Kraft war. „Wir haben uns", sagt ein Staatsoberhaupt, „soweit Menschen dies vermögen, eine Ordnung gegeben, die ein höchstes Maß an Freiheit und demokratischer Mitwirkung am Geschehen unseres Volkes gewährt. Und dennoch: in eine irreale Gedankenwelt verrannte Menschen aus unserer Mitte zerstören fremdes und eigenes Leben, weil sie unsere Gesellschaft als unerträglich empfinden." Das läßt indes völlig offen, ob eine Ordnung – angenommen, es gibt sie –, die all die schönen Dinge gewährt, von denen das Oberhaupt spricht, nicht eben gerade dadurch mit schwerwiegenden, vom Oberhaupt verschwiegenen Mängeln notwendig so belastet ist, daß die fundamentalsten Freiheiten am gröbsten verletzt, am leichtesten mißbraucht, am verhängnisvollsten in den Dienst von Unwerten gestellt werden können, weil das vom Oberhaupt angepriesene System zugleich die in ihm lebenden Menschen unfähig macht, sich vor sich selbst wirksam zu schützen. Und dabei weiß das Staatsoberhaupt noch von früher her: „Damals (gemeint ist die Weimarer Republik) haben die Extremisten Leidenschaften gegeneinander mobilisiert. Als nur Vernunft einen Ausweg hätte weisen können, fand die Unvernunft den größten Zulauf." Und warum sollte dies heute anders sein, da die Bedingungen für Extremisten infolge Gleichgültigkeit, Kritiklosigkeit und eines „höchsten Maßes an Freiheit" gegenüber Weimar erheblich besser sind. Ist auch ein Oberhaupt aus Gründen des Prestiges jemand, den man nur ungern und mit dem Vorbehalt staatsbürgerlicher Ehrfurcht korrigiert, so kann dennoch die Kritiklosigkeit nicht übersehen werden, die darin liegt, daß das Oberhaupt meint, Extremisten gäbe es, weil sie nicht vom Wert einer an sich ausgezeichneten Ordnung überzeugt sind, statt zu erkennen, daß es Extremisten im Laufe der Geschichte immer und überall dort gegeben hat, wo ein Staatswesen einseitig auf risikolosen Wohlstand ausgerichtet und wo es deshalb träg, stumpf, machtlos, starr und recht eigentlich am Schicksal der Bürger uninteressiert war. Um so wesentlicher ist es aber, wenn es schon solche Staatsoberhäupter gibt, nicht hinzunehmen, was sie sagen, vielmehr das, was sie sagen, als Material zu betrachten, als Material für eine eigene kritische Forschung, ob etwas wirklich so war, ob es nicht etwa ganz anders war und warum es sich dem Oberhaupt so, wie er es bringt, und nicht anders darstellt.

Schließlich gibt es, insbesondere bei komplizierten Gegebenheiten, eine probate Methode, dem Kritiker das Wort zu entziehen. Sie besteht darin, daß man ihn im allererersten Anfang seiner Darlegungen unterbricht und ihn fragt, wenn er schon dies oder jenes kritisiere, wie anders er selbst es denn machen würde oder wollte. Hier tut not, sich klarzumachen, daß es etwas völlig anderes ist, etwas Schritt für Schritt, Schicht für Schicht, Kapitel für Kapitel kritisch zu durchleuchten und zu würdigen, als daraus die Konsequenzen zu ziehen. Das macht ja eben den Wert der Kritik aus, mehr noch, dadurch wird sie allein sinnvoll, daß sie vollständig sein muß, *bevor* irgendwelche Folgerungen aus ihr zu ziehen sind. Beachtet man dies nicht, so setzt man bestenfalls ein Klischee an die Stelle eines anderen, ohne einen einzigen Zusammenhang wirklich aufgedeckt und erarbeitet zu haben.

Mehr als auf allen anderen Gebieten gilt dies, wenn es sich um

Vorgänge im Menschen selbst handelt. Hier ist am Problem selbst nicht anzusetzen. Wer eine menschliche Krise im konkreten Fall lösen will, muß eine zutreffende Vorstellung von dem haben, was im und mit dem Menschen im Grundsätzlichen möglich ist und – heute vielleicht noch wichtiger – was entgegen weitverbreiteten klischierten Vorstellungen nicht möglich ist. Hierbei schieben sich beim Betroffenen zwischen die kritische Durchdringung und ihre Resultate stets Wünsche oder Ängste, und das ist auch der Grund dafür, weshalb letztlich niemand zu sich selbst die nötige kritische Distanz herstellen kann, die erforderlich ist, um einen brauchbaren neuen Ansatz zu bieten. Wir stoßen hier an eine Grenze: Zur entwickelten Kritik gehört, daß sie nicht selbst manieristisch wird, daß sie nicht leichtfertig ihre Voraussetzungen verfehlt und daß sie sich nicht von vornherein inhaltlich in bestimmter Weise bindet; daß sie sich nicht zur „positiven" oder „negativen", daß sie sich nicht zur „konstruktiven" oder „zersetzenden" Kritik deformieren läßt, sondern frei wägend und frei von Beiworten bleibt: eine kritische Kritik.

Der Unkritische ist den Mächten seines eigenen und des kollektiven Dunkels ausgesetzt. Hier kann eine Abhilfe durch Programme nicht geschaffen werden, denn dem Mangel an Kritikfähigkeit kann nur durch Kritik abgeholfen werden: Das erarbeitete Werturteil, das Werturteil, das nicht etwelcher Zweck halber, sondern der Wahrheit halber erarbeitet wird, ist die schärfste Waffe des Menschen, die es im rationalen Bereich gibt, und das Wagnis, um der Wahrheit willen in die Dinge einzudringen, obwohl man zu Beginn der Fahrt noch nicht einmal ahnt, wie die Wahrheit, wenn man sich ihr annähert, beschaffen sein wird und welche Verpflichtungen sie auferlegen wird, ist eine Notwendigkeit, vor der sich im letzten niemand vorbeistehlen kann, weil sie ein Kernstück des Lebens selbst ist.

IV.

Die Einengung der Weite –
die Abstumpfung des Fühlens

So wesentlich, so privilegierend der scharfe Verstand des Menschen ist, sosehr ein kritisches Bewußtsein einen kategorialen Abstand zu allen anderen Lebewesen schafft, so wird doch des Menschen Totalität dadurch nicht erschöpft. Über eine zweite Fähigkeit, in ihrer Art gleichfalls von sehr hohem Rang, verfügt der Mensch, um aufzunehmen, was seine Umwelt ausmacht, um es auf sich wirken zu lassen und dazu in Beziehung zu treten, und zwar auf eine völlig unmittelbare, die Welt der Begriffe außerhalb lassende, dennoch aber umgreifende Weise. Diese Fähigkeit ist das universale menschliche Fühlen, jenes direkte Wechselspiel von Anruf und Echo, das, und ebendarin liegt die Besonderheit, sich nicht nur auf das erstreckt, was einen Menschen als speziellen einzelnen, was ihn konkret betrifft, sondern auf schlechthin alles, was überhaupt erfaßbar ist: auf Großes und Kleines, auf Sichtbares und Unsichtbares, auf Festlegbares und auf Unaussprechliches. Vom akutesten Denken bis zum reinen Fühlen wölbt sich der wahrhaft menschliche Daseinsraum, bereit, durchmessen und ausgefüllt zu werden. Deshalb verfehlt, wer etwa sich auf sein eigenes Rationale beschränkt, die Fülle seiner Gemäßheiten und beraubt sich eines Zugangs zur Gesamtheit. Ein Mensch, der überhaupt nicht mehr fühlen kann, ist, im Extrem, nur vorstellbar als krank; ein Mensch, dessen Gefühlssphäre auf ein Maß eingeschränkt ist, das unter dem ihm als Individuum entsprechenden liegt, ist bedauernswert verarmt.

Der durch nichts mehr zu steigernden Direktheit des Fühlens entspricht ganz konsequent eine wechselseitige Beeinflußbarkeit: das, was vom Fühlen ergriffen wird, wirkt zurück auf Art und Intensität des Gefühls und formt zu seinem Teil auch, erweiternd oder verengend, die Fühlfähigkeit überhaupt. Ist die Frage nach den kritischen Verstandeskräften einer Epoche selbst epochal, so ist es nicht minder die nach der Tiefe und Weite der menschlichen Herzen.

Hier entstehen allerdings beträchtliche Schwierigkeiten. Die

Mächtigkeit des kritischen Verstandes läßt sich zwar nicht unschwer, aber doch ausreichend genau erfassen mittels des kritischen Verstandes. Das Vermögen zum Gefühl hingegen kann nicht ohne weiteres gemessen werden an einem anderen Gefühl, weil Gefühl etwas so durchaus Persönliches, Subjektives, Intimes ist, daß es sich nicht leicht klassifizieren läßt. Wer sich hier Auskunft verschaffen will, kann dies nur auf indirekte Weise. Er muß Eindrücke und Abläufe, Strukturen und Wirkungen ins Begriffliche zurückübersetzen, um all dies solcherart verstehbar und mitteilbar zu machen. Hierfür allerdings stehen nahezu beliebig viele Modelle innerhalb einer Zeitepoche zur Verfügung.

Ein müßiger Spaziergänger, der um vier oder fünf Uhr nachmittags durch die Straßen einer Großstadt geht, wird, wenn er auch nur ein wenig aufmerksam ist, bald feststellen, daß er allein ist. Denn die hunderttausend Menschen, die ihn umgeben, sind nicht müßig. Sie füllen die Straßen und Plätze, sie drängen sich an den Haltestellen, sie warten in langen Kolonnen mit ihren Autos, Mopeds und Fahrrädern auf das grüne Licht. So exakt streben sie einem bestimmten Ziel zu, so abgezirkelt knapp sind hierbei ihre Bewegungen, so ohne jeden Luxus eilen sie, bilden den Verkehr und wickeln sich ab, daß hier ein Zweifel auftauchen kann: Sind es nur sehr viele Menschen in der Turbulenz der Großstadt, oder handelt es sich um eine Automatisation? Wissen die vielen Menschen am Ende nicht, daß sie nur Teil einer schnellbewegten städtischen Maschine sind? Ein Blick in ihre Gesichter entscheidet die Frage nicht, im Gegenteil: er läßt Schlimmes befürchten. Man würde erwarten, die Mienen solcherart Eilender seien gehetzt, aber das ist es nicht. In Wahrheit sind die Gesichter mimisch erschreckend gleich. Wohl, es spiegelt sich darin der Wille, schnell ans Ziel zu kommen, aber es ist kein persönliches Ziel, sondern ein kollektiv und nur dunkel empfundenes; die Fortbewegung als solche ist das Ziel des Willens der Eilenden, und weil sich daneben nichts mehr ausmachen läßt, deshalb sind ihre Gesichter in der uniformsten Weise gleich, die sich denken läßt: sie sind stumpf.

Stumpfheit und Gleichheit sind immer auch Abwehr. Die Eilenden der Großstadt möchten nicht angesprochen werden, sie sind nicht bereit, einem Vorübergehenden zuzulächeln, sie scheren sich nicht darum, ob es regnet oder ob der Himmel, wie er es zuweilen auch in der Großstadt tut, sich mit jener phantastischen Pracht überzieht, die man Abendrot nennt. Die Eilenden wirken so, als würden und könnten sie überhaupt nichts fühlen, als sei es ihnen völlig gleich, welchen Eindruck sie etwa bei einem Beschauer auslösen könnten.

Ab und zu kauft jemand eine Zeitung und stellt beim flüchtigem Durchblättern fest, daß sich versuchsweise in einer anderen Großstadt ein Mann auf den Gehsteig gelegt hatte und die Passanten gebeten hatte, ihm aufzuhelfen, und daß sich über eine volle Stunde hinweg niemand hierzu bereit gefunden hatte. Warum legt er sich auch aufs Trottoir, Blödsinn so etwas. Ein Sechzehnjähriger hat sich als dreifacher Raubmörder entpuppt, was ist daran Aufregendes, machen jetzt diese jungen Kerle alle. Krieg und Greuel in einem anderen Teil der Welt sind nachgerade zum Dauerzustand geworden und gar nicht danch angetan, die stumpfe Mittellage eines stabilen Gleichgewichts der Gefühllosigkeit zu ändern.

Es ist aber nicht so, daß nach einem anstrengenden Arbeitstag das fern Liegende nicht interessieren würde. Selbst das, was die Menschen unserer Gesellschaft am unmittelbarsten angeht, scheint sie wenig zu berühren. Vergeblich wird man nach einem Vorgang, einer Tat, einer Leistung ausspähen, die nachhaltige begeisterte Zustimmung auslöst; vergeblich nach einem Vorkommnis suchen, an welchem sich flammender Protest im Grundsätzlichen entzündet. Obwohl die Menschen heute besser als vorher von den Entsetzlichkeiten wissen, die Menschen einander anzutun vermögen, obwohl sie zudem auch noch sehr leicht wissen könnten, von welchen Voraussetzungen entwürdigende, jede Hoffnung tötende, entmenschlichende Vorgänge abhängen, so erregt es kaum Empörung, wenn beispielsweise ein Nutznießer seiner im Kriege begangenen Verbrechen die Opfer dieser Verbrechen schamlos und gemein verhöhnt und beleidigt. Es bringt das Gefühl nicht in Wallung, wenn manche Gruppen innerhalb der Gesellschaft Roheiten übelster Art und selbst Sprengstoffanschläge sanktionieren. Es läßt die Gemüter kalt, wenn ein Staat oder eine Regierung zu Folterknechten der von ihnen überwältigten Menschen werden, und bevor ein offizieller Repräsentant etwas sagt, überlegt er zuallererst, ob und welche Handelsbeziehungen dadurch gestört werden könnten, ja, im Extrem, ob es ratsam sei, gegenüber gewissen Mächtekonstellationen überhaupt von Menschenrechten zu reden, wo man doch weiß, daß sie es ungern hören und womöglich in einer Weise pikiert reagieren werden, die, ebenfalls in erster Linie, den eigenen Export ungünstig beeinflußt.

Wohlgemerkt: es gibt nur wenige, die, weil sie persönlich anderer Überzeugung sind, Übergriffe, Roheiten oder Greuel ausdrücklich billigen. Nahezu jeder wird vielmehr diese Dinge verdammen. Jeder wird für einen Staat plädieren, der, wie man sagt, ein geordneter, ein guter Staat ist. Aber er wird ohne Nachdruck plädieren, das heißt, er wird überhaupt nicht plädieren, er wird, innerlich weitgehend unbeteiligt, einfach die Plattheit von sich geben, daß jeder Staat eben das Wohl seiner Bürger im Auge haben sollte, traurig, nicht wahr, daß es nicht überall so ist. Es scheint, als näherten sich die Menschen dem Status des Roboters: emsig, gescheit, im Technischen genial, doch mit einsamen, leeren Herzen und verkümmerten Seelen.

Nun könnte man allenfalls einwenden, die enorme Verbreitung von Nachrichten aller Art im engen oder weiteren Sinn habe hier einen nicht abreißenden Strom von Ereignissen bis in jedes Wohnzimmer geleitet; ihn auch nur präsentiert zu erhalten schaffe bereits Mühe und Belästigung, geschweige denn eine Aufnahme durch das Gemüt und ein Nacherleben. Doch das hängt nicht unwesentlich davon ab, welche Bedeutung man eben dem, was vor sich geht, beimißt. Hier springt, etwa gegenüber früheren, noch gar nicht so fernen Zeiten, tatsächlich eine Reihe flagranter Unterschiede ins Auge.

An einem Konzertabend, der im vorigen Jahrhundert in Wien stattfand, gestikulierte in der Pause aufgeregt ein noch junger Mann mit einer Nickelbrille auf der Nase inmitten seiner Freunde. Man möge sich das vorstellen, rief er aus, während des Spielens habe der Konzertierende seine Geige hinauf- und hinuntergestimmt, er, der Berichtende, habe es genau gesehen. So ein Kerl, meinte er begeistert, komme niemals wieder. Der so sprach, war Franz Schubert, und der Geiger, dem so hohes Lob gezollt wurde, hieß Niccolò Paganini. Wochenlang vorher hatten die Wiener seine Ankunft erwartet, und dieser Konzertabend war nicht nur ein gesellschaftlicher oder ein künstlerischer Höhepunkt, er war ein Höhepunkt schlechthin. Die Preise für eine Karte waren unglaublich hoch; fünf Gulden allein kostete der billigste Platz, und noch lange Zeit nachher nannten die Leute in Wien die Fünf-Gulden-Scheine Paganinerln. Grillparzer schuf ein aufwühlendes Gedicht, die politischen Tagesereignisse traten hinter den Geiger aus Genua zurück, denn alle waren von dieser Höhe künstlerischen Könnens in den Bann geschlagen und fühlten sich persönlich angesprochen.

Als es Lindbergh gelungen war, in einem kleinen Flugzeug den Ozean zu überqueren, stand ganz Paris auf dem Kopf. Den Zeitungen ging wochenlang der Stoff nicht aus. Ein ganz allgemeines, nebenbei bemerkt: durchaus richtiges Bewußtsein davon hatte alle durchdrungen, daß mit dieser Tat so etwas wie ein neues, nicht nur

Jahrhundert, sondern ein neues Jahrtausend anbreche, daß etwas vor sich gegangen war, das bisher kein Seitenstück in der Geschichte gehabt hatte. Jeder empfand, daß er ein Teil einer Menschheit war, die vor völlig einmaligen, ebenso neuen wie unabsehbaren Möglichkeiten stand. Im Lichte solchen Bewußtseins wurde die persönliche Leistung Lindberghs gesehen und die begeisternde, nahezu renaissancehafte Unmittelbarkeit, die darin lag, daß er seine Tat ganz allein geplant, vorbereitet und ausgeführt hatte.

Trotz der Schatten, die der Unstaat Hitlers warf, waren die Olympischen Spiele im Jahre 1936 ein seither nicht von fern erreichtes Ereignis, und zwar nicht nur für die Welt des Sports. Hier, so empfand damals die ganze Welt, fand ein Fest statt, an welchem sich das Gefühl von der Universalität neu entflammte. Gerade weil sich dies gegen eine düstere Zukunft abhob, konnte das als eine Verheißung verstanden werden, daß die Menschen letztlich doch mehr Verbindendes als Trennendes gemeinsam haben, und das fühlten auch jene, die sich vordem nie dafür interessiert hatten, warum man etwa eine eiserne Kugel stößt und wie weit.

Solche Beeindruckbarkeit müßte man heutzutage lange suchen und mit fraglichem Erfolg. Es würde unbemerkt bleiben, wenn der Entdecker des Penicillins heute eine Stadt besuchte, allenfalls gäbe es in den Fachblättern eine kurze Notiz. Das Penicillin ist eben seit langem da, nun gut, seien wir froh, daß wir es nicht brauchen, solange wir gesund sind, und sein Entdecker ist sicher bereits irgendwie geehrt; und wer nicht besonders eifrig sich in die Geschichte der Medizin versenkt hat, weiß vermutlich nicht einmal den Namen: Sir Alexander Fleming.

Olympische Spiele wie die in Helsinki vor einigen Jahren sind vergessen, weil sich damals dort nichts Aufsehenerregendes ereignet hatte, als daß eine verschrobene Studentin im Nachthemd einmal um das Stadion lief und behauptete, den Friedensengel zu symbolisieren. Aber auch jene wahrhaft erschütternden Olympischen Spiele in München, die entsetzlichsten, die es je gab, die mit Terror und Mord belastet bleiben werden bis ans Ende der Zeiten, blassen im Gedächtnis der Menschen ab und lösen das typische Schulterzucken aus, mittels dessen unsere Zeitgenossen ihre Indolenz kundtun.

Und selbst die Landungen von Menschen auf dem Mond ermangelten der Charakteristik eines Fanals. Gewiß, die Menschen saßen vor den Fernsehgeräten, doch das tun sie immer, mit und ohne Mondlandung, und der übermäßig geölte Apparat der Raumfahrt schuf eine Distanz der Anonymität und verhinderte, daß dieser Tag als ein Markierungspunkt am Menschheitsweg empfunden wurde, obwohl er es zweifellos war.

Und diese Reihe läßt sich beliebig fortsetzen, an kleinen und auch an großen Exempeln. Noch vor wenigen Jahren hätten die Jungen vor einem modernen Sportplatz gestanden mit angehaltenem Atem und mit brennenden Ohren. Was hätten Forscher wie Koch oder Röntgen für ein modernes Labor und seine geradezu immensen Möglichkeiten gegeben. Wer jubelt darüber, daß die Geisteskrankheiten praktisch heilbar geworden sind, ebenso wie die Lepra, wer genießt denn wirklich sein Radio und sein Fernsehgerät, weil es sonst nicht zugängliche kulturelle Ereignisse und Leistungen zugänglich macht und unser Wissen zu erweitern imstande wäre.

Zu den radikal umwälzenden wie radikal bedrohenden Entwicklungen gar hat unsere Zeit noch nicht einmal einen Standort bezogen. Die Atomspaltung und ihre Folgen, die Atom- und die Wasserstoffbombe werden weitgehend nur unter parteilichen politischen Tagesaspekten gesehen, und während sich noch vor wenigen Jahren alle darin einig waren, daß so etwas wie die Neutronenbombe, eine Vorrichtung, die nur Leben zerstört, Gebäude und vor allem Industrieanlagen aber intakt läßt, eine zutiefst verabscheuungswürdige Gräßlichkeit ist, so gibt es heute Stimmen, die eben diese selbe Neutronenbombe als „Hinwendung zu einer humanen Kriegsführung" anpreisen, weil sie in ihrer Reichweite begrenzt ist und weit weniger Schaden anrichtet als etwa eine Wasserstoffbombe. Diese politischen Entwicklungen werden nicht selten für ein Wettrennen gehalten, ganz so wie im verfallenden alten Rom die Zuschauer entweder der Blauen oder der Grünen Partei angehörten.

Unsere Zeit hat die Fähigkeit zur menschlichen Resonanz weitgehend eingebüßt, und diese Einbuße hat eine gespaltene Wurzel. Einmal, daß Höhepunkte, daß Superlative, aber auch echte Hochstimmungen und tiefinnere Erlebnisse all dies nur sein können, wenn sie sich ihren besonderen, ihren Ausnahmecharakter bewahren und sich vom Alltag deutlich abheben. Der Rhythmus zwischen Sehnsucht und Erfüllung, zwischen Phantasie und Wirklichkeit schafft jene vitale Spannung, die den Menschen befähigt, innerlich erwartungsvoll Anteil an etwas zu nehmen. Jemand, der sich schwitzend und durstig eine staubige und endlose Landstraße entlangschleppt, wird die Fahrt in einem modernen, nahezu lautlosen, exquisit gepolsterten und mit Klimaanlage versehenen Auto als Höhepunkt empfinden können; jemand, der in stundenlanger Anstrengung einen schwer zugänglichen Berg besteigt, wird den Gipfel erleben; wer mit der Seilbahn mühelos und jederzeit nach oben kann, gewöhnt sich bald daran, daß von oben eine Aussicht zu sehen ist. Es sollte auf der Hand liegen, daß die allzu leichte Zugänglichkeit all dessen, was das Leben erleichtert oder verschönert, schließlich als erleichternd oder verschönernd gar nicht mehr empfunden werden kann, ganz ebenso wie es keinem Bewohner New Yorks auch nur im Traum einfallen würde, zu sagen, die vielen Lifts erleichterten den Besuch der Büros in den Wolkenkratzern. Nur ein Kindskopf kann meinen, es müsse besonders schön sein, im Theater in einer Loge zu sitzen, deren Wände mit Gemälden Raffaels geschmückt sind, dabei dem Gesang Carusos zu lauschen, aus einer Schüssel mit vollem Löffel Kaviar zu schaufeln und gleichzeitig die Nachricht zugetragen zu bekommen, daß man an der Börse gewonnen hat.

Solche Erwägungen führen uns allerdings auch in die Nähe eines bedenklichen, wenngleich bisweilen dennoch gezogenen Kurzschlusses: die Anpreisung vom Wert des einfachen Lebens. Gewiß, das einfache Leben ist, von einem gewissen Blickwinkel aus gesehen, von hohem Wert, doch ist es durchaus nicht zu jeder Zeit zu realisieren, und für unsere Gesellschaft ist es praktisch absolut unzugänglich, ganz abgesehen davon, daß man nicht bewußt und gewollt einfach sein kann. Nein, hier läge der Ansatz einer Wende in der Erkenntnis, daß sich der Mensch in unserer Zeit dazu bequemen muß, für sich selbst den tauglichen persönlichen Rhythmus zwischen Alltag und Festtag, zwischen Ebene und Gipfel zu erarbeiten, will er seine Fähigkeit zur Anteilnahme erhalten oder wieder gewinnen.

Zum anderen aber, und das ist der zweite Anteil der freigelegten Wurzel beeinträchtiger Resonanz, ist das menschliche Fühlen in seiner Struktur und in seiner Dynamik abhängig und auch betroffen durch zeitspezifische Besonderheiten unserer Lebensweise. Das wird besonders klar erkennbar, wenn wir uns jener Struktur und Dynamik einmal zuwenden. Fühlen, so sagten wir, ist von einer nicht mehr zu steigernden Direktheit im Bewußtsein eines Menschen, dennoch handelt es sich nicht um die einfachste und ursprünglichste Art menschlichen Reagierens. Denn der Mensch ist ein Doppeltes in einem, ein Geistwesen und ein körperhaftes, ein biologisches Wesen. Das bringt es mit sich, daß der Mensch nicht nur des Eindrucks, sondern einer Kraft bedarf, soll er sich als Person behaupten können. Diese Kraft, die den Menschen zur Erhaltung seiner selbst und zur Auseinandersetzung treibt, heißt man Trieb.

Der Trieb ist anonym, ganz und gar unabhängig von der Person, welche er treibt, jedoch ausschließlich auf deren Interesse gerichtet. Ein Mensch, der Hunger hat, wird versuchen, diesen zu stillen. Daneben hat in seinem Hungergefühl um so weniger Platz, je stärker der Hunger ist. In seinem Trieb, sich am Leben zu erhalten, ist die Person gar nur Objekt des Triebes. Selbst dort etwa, wo Menschen bereit waren, sich bewußt für andere oder für irgend etwas zu opfern, waren sie nicht imstande, den Selbsterhaltungstrieb auszuschalten, sondern lediglich dazu, ihn zu überwinden.

Ob ihrer Apersonalität können Triebe nicht wohl als gesellschaftsbildend angesehen werden, denn der gleiche Trieb bringt bereits zwei verschiedene Personen in Kollision. Tatsächlich beruht aber alle Gruppenbildung, und die menschliche Gesellschaft ist ja eine solche, darauf, daß der Mensch nicht uneingeschränkt die Inhalte seiner Triebe lebt: die kulturelle Höhe, die Differenziertheit und die innere Größe einer Epoche stehen in einem ganz unmittelbaren Verhältnis zu der Polarität, die ein Individuum zu seinen vitalen Trieben zu schaffen vermag.

Der Trieb ist, was Richtung und Stärke angeht, sich stets gleich, mag der Mensch um die Triebinhalte wissen, sie begrifflich formulieren, sich mit ihnen auseinandersetzen oder nicht. Doch läßt sich von der Kraft des Triebes etwas nutzbar machen für die Abwicklung von Eindrücken, die sich bereits im Bewußtsein vorfinden. Der gesamte große Bereich der Affektivität wird dadurch geschaffen: ein Affekt ist ein mit einem triebhaften Impuls ausgestatteter, umschriebener Inhalt des Bewußtseins. Er ist nicht so eruptiv wie der Trieb, ist auch innerhalb gewisser Grenzen wandelbar, dient aber gleichfalls gerichtet den Interessen der Person: der Affekt setzt die Akzente, macht den Ton in der Lebenssymphonie, bringt Farbe und Reflexe hinein.

Die Sublimierung der Dynamik schließlich führt zu einer unendlichen Weitung ihres Bereiches, zu der viel höheren menschlichen Erlebnisweise des Fühlens. Zwar dienen auch die Gefühle der Person, doch sie umfassen das Gesamt, bewirken etwa den Wunsch, die Welt möchte gut sein. Darin steckt eben weit eher ein ahnendes Tasten nach der Güte, weit eher eine elegische Sehnsucht als ein Realisierungsdrang, ein Besitzenwollen um jeden Preis. Das Fühlen läßt Raum für die Umwelt, für die Menschen und für die Dinge: jemand, der eine Landschaft bewundert, registriert nicht etwa nach vorher festgelegten Gesichtspunkten ein Stück Geographie. Von der Bewußtheit, von der Gewißheit, daß diese Landschaft schön ist, ist er ganz unmittelbar durchdrungen und mehr. Er selbst ist ein Teil der Landschaft, die er bewundernd erlebt. Lange schon bevor er mit dem Verstand den Wert einer Sache durch Urteil entscheidet, ist er dafür oder dawider eingenommen durch sein Fühlen. Von manchen Dingen ist er hingerissen, von anderen abgestoßen, immer aber steigt das Fühlen aus tiefen Quellen und führt zu den höchsten menschlichen Gipfeln.

Das Fühlen als unmittelbare und universale Teilnahme kann nicht willkürlich gesteuert werden. Ob ein Mensch sich freut oder trauert, ist nicht daher zu entscheiden, daß man verlangt, er soll bei gewissen Gelegenheiten glücklich oder bei anderen tieftraurig sein. Denn von der Gelegenheit hängt das menschliche Fühlen eben nicht ab; wohlgemerkt: nicht etwa das Heucheln von Freude oder Trauer, sondern das Fühlen. Auf Kommando kann sich niemand freuen, vorsätzlich kann niemand Rührung empfinden; das Fühlen ist, gerade weil es eine der empfindlichsten Seinsweisen ist, völlig autonom.

Das macht das Fühlen für alle jene Instanzen höchst verdächtig, die befürchten müssen, es werde das Gefühl der Menschen eine eminent wirksame Widerlegung ihrer Ziele sein. Solche Denunzierung des Fühlens geht immer dort vor sich, wo Absolutheitsansprüche in einer Weise durchgesetzt werden, die das Menschliche außer Betracht lassen oder ihm nicht genügend Rechnung tragen. Diese aschfahle Teufelsdämmerung haben wir durchlebt; in den Zeiten des Nationalsozialismus maß man den Wert der Menschen für ein Regime auch nach der Stärke des diesen Menschen offiziell dekretierten Fühlens.

Der Versuch, sein Gefühl zu trainieren, ist in Wahrheit ein roher, stümperhafter Eingriff in die menschliche Natur, besonders dann, wenn er von solchen ersonnen ist, die selbst bereits gefühllos geworden sind. Die menschliche Anlage läßt sich wohl entfalten, nicht aber verbessern; jemand, der sich tagelang in die nächste Nähe eines Dampfhammers begibt, um sein Gehör zu trainieren, wird taub; jemand, der, um seine Sehkraft zu steigern, in die Sonne blickt, verliert nach kurzer Zeit das Augenlicht.

Wenn das Fühlen programmiert und an Ketten gelegt ist, das heißt, wenn es als etwas gilt, worüber Staatschefs, Parteivorsitzende oder Industriemanager verfügen, so, daß sie die ihnen ausgelieferten Menschen im Zusammenhang mit gewissen Einrichtungen, Doktrinen oder Industrieprodukten zu gewissen Gefühlen verpflichten, dann muß sich die Dynamis, die das Fühlen speist, ein anderes Ziel suchen. Niemand kann dann mehr durch sein Fühlen in das Reich der Sehnsüchte, in eine bessere Welt der Schönheit, des Friedens und der Liebe geführt, sondern nur noch gewaltsam auf ungemäße Programme verpflichtet werden. Ungemäß, denn eine reale Welt, in welcher es im Grundsatz nirgends mehr so zugehen kann, wie es der Mensch fühlen möchte, das ist die Hölle.

Sind Menschen solcher Zwiespältigkeit ausgesetzt, so können sie diese von einem gewissen Punkt an nicht mehr überbrücken, denn selbst dem menschlichen Vermögen, Bögen zu schlagen, sind Grenzen gesetzt. So bleibt nur der Ausweg, der tatsächlich beschritten wird. Der Mensch distanziert sich, erst der Wirklichkeit fluchend, bald aber resignierend, von seiner inneren Welt. Er wird zum Renegaten der Stumpfheit, und dadurch kommt es zu jener Verarmung der Person, die als Abstumpfung sichtbar wird. Das Fühlen aber, diese wunderbar gegliederte menschliche Weise, mündet wieder in die Anonymität des Triebes.

Wir erkennen den Verlust überall. Wer ins Kino geht, wer den farbigen Fernsehzauberkasten einschaltet, dem werden jene Ansprüche an seine Gefühlswelt zugebilligt, wie sie innerhalb des Herrschaftsbereichs industrieller Produktionsmaßstäbe legitim sind. Ganze Gefühlsassoziationsketten werden durch einen einzigen elektronischen Reiz ausgelöst. Tatsächlich hat bereits George Orwell in seiner grandiosen Vision „1984" eine Sozietät beschrieben, in welcher rührselige Schlager, Filme und andere primitive Machwerke maschinell, ohne jedwedes menschliches Zutun nach einmaliger Programmierung hervorgebracht werden.

Das Gefühl wird all jenem angelagert, das gefahrlos für die Machthaber – heute die Industrielle Produktion – in einer Freizone billigster Sentimentalität angesiedelt werden kann. Das frühreife, widerwärtige Kind eines Filmstars, das anläßlich eines Mordprozesses gegen diesen selbst dazu abgerichtet wurde, dem Richter zu sagen: „Gib mir meine Mutti wieder" – das ist etwas fürs Gefühl. Die Sensation im Zusammenhang mit den Badegewohnheiten eines Kronprinzen, das ist etwas fürs Gefühl, wie überhaupt das dummdreiste Hineinkriechen in das Privatleben, das Hinglotzen auf die Intimsphäre der Mitmenschen, am besten solcher, die Fürstenhäusern angehören, das Hineinhängenlassen in den billigen Fusel des Triefenden, das manieristische Zurschaustellen der Sentimentalität.

Wo es aber für die Industrielle Produktion interessant wird, spießt sie das Gefühl auf wie einen Schmetterling und dekretiert, freilich erst ab einer gewissen Kaufsumme, Möbel-, Fahr-, Urlaubs- oder auch nur schlechthin Traumgefühle.

Hierbei spielt aber eine große Rolle, daß eine stumpfe Gefühlswelt von solcher Seichtheit durch sehr viel geringere Dynamik zu speisen ist, als sie tiefe, echte Erlebnisweisen erfordern. Der Überschuß tut sich indes auch innerhalb der Sphäre des Gemütes kund, nur stellt er sich völlig in den Dienst der Unlust, der Abwehr, in den Dienst der Summe aller Gegengefühle, die sich unübersehbar kundtun in einem immer weiter um sich greifenden und in sich stärker werdenden Neid. Es ist, als ob eine Art Verzweiflung darüber, selbst so viele menschliche Ziele verfehlt zu haben, nun eine kategorische Bestrafung der angrenzenden Umwelt forderte, schon um den eigenen Anteil an der Sinnverfehlung zu überdecken. Anderswoher läßt sich schlechthin nicht herleiten, weshalb unsere Zeit so mißgünstig ist, beispielsweise die Besteuerung von Abgeordneten entgegen aller Vernunft zu erzwingen, lauthals nach der ,,Abschaffung von Privilegien'' zu brüllen, oft in dem vollen Bewußtsein, daß damit nur gemeint ist die Annullierung von sinnvollen Rechten und die damit untrennbar verbundene Schaffung neuer Privilegien, und auch nicht davor zurückzuschrecken, unsere Großen, Existenzen, auf denen die Kultur der Menschheit ruht, nachträglich mit einer nie gehörten neidischen Gehässigkeit zu ummauern, etwa von Mozart zu behaupten, er habe allein durch das Komponieren von Opern enormes Geld verdient. Dieser Neid hemmt alles, nimmt allem den natürlichen Schwung, vergiftet alles, und doch läßt sich aus ihm das verlorene Gefühl nicht wiedergewinnen, sondern allenfalls eine verquere, gequetschte, hämische und recht eigentlich den Menschen erniedrigende Befriedigung ziehen, die so flüchtig ist, daß sie im gleichen Augenblick auch schon zerstiebt und nach Wiederholung verlangt.

Neid, Roheit des Herzens, Stumpfheit des Gemüts und Gleichgültigkeit, das sind Zuordnungen einer ständig nur reproduzierenden Epoche, die letztlich nichts hervorbringt, was gegliedertes Erleben, was Gefühlstiefe und Reichtum im Gemütsleben ruft und stärkt, weil sich, im letzten, über kollektiven Schund niemand freuen kann, weil niemand innerlich bereichert wird durch bloße Mechanik, weil das vielgerühmte ,,Wirtschaftswachstum'' kein Naturvorgang ist, sondern ein Moloch, dem alle Natürlichkeit zum Verschlingen vorgeworfen wird.

Solange deshalb das Fühlen global den kollektiven Unwerten der Zeit verhaftet bleibt, kann es nicht wieder befreit, kann es nicht wieder voll und umfassend werden. Hier ist der einzelne aufgerufen, denn eine weitere der früheren Selbstverständlichkeiten ist verschwunden. Mußte man vordem nicht davon handeln, was fühlend zu erfassen sei und was des Fühlens wert, so ist eben gerade dies die entscheidende Frage für jeden Menschen, für den das Fühlen zu dem werden soll, was es seiner innersten Natur nach ist: zum Atem der Seele.

V.

Das narkotisierte Gerechtigkeitsgefühl – der Einbruch des Pragmatismus

Es gibt einen Bereich, der doppelt fundiert und doppelt gerechtfertigt ist, der sich unmittelbar erfassen läßt durch das Gefühl und der sich scharfsinnig und klar begründen läßt durch die Vernunft und in welchem das, was der Mensch unmittelbar empfindet, aufgegriffen wird und transformiert durch den Geist zum Verbindlichen, Allgemeingültigen und Einbeziehenden, derart, daß es fortan als Norm tauglich ist, an der das einzelne, das Besondere gemessen werden kann. Es ist dies der Bereich des Rechtes. Jedermann kann sich leicht davon überzeugen, daß hier ein bloßes Gefühl ohne die Präzision rationaler Formulierung im Stich läßt, daß aber ebenso eine verstandesklare, kalte Ableitung nicht befriedigt, ja sogar starkes Unbehagen schafft, wenn sie den Ansprüchen des Gefühls nicht genügt. Diese Universalität ist nicht von ungefähr, entspricht sie doch auf das genaueste dem alles umfassenden Anspruch des innersten Wesenskerns allen Rechts, nämlich der Gerechtigkeit.

Spätestens wenn dieses Wort, das zugleich einen der obersten Werte belegt, die es gibt, auftaucht, sehen wir uns, die wir es gebrauchen, in die Defensive gedrängt. Denn sofort, wie ein blinder Reflex, erfolgt die Reaktion in Form der Frage: Was ist eigentlich Gerechtigkeit?, und es folgt auf dem Fuß eine jener unkritischen, stupiden Antworten, die stets ein Zeichen mangelnder Auseinandersetzung mit einer Sache sind. Man wird – witzig – sagen, Gerechtigkeit ist das, was es nicht gibt, oder Gerechtigkeit ist das, was man als solche empfindet, oder Gerechtigkeit ist alles, was einer positiven Norm entspricht, oder Gerechtigkeit ist das, was die Rechtsansprüche des Menschen am zweckmäßigsten reguliert, oder das, was die Erreichung bestimmter Zwecke erleichtert, oder, schließlich, auch nur dazu da, dem Menschen etwas, was er gern haben will und anderswie nicht bekommen kann, zuzuschanzen.

Die wie immer verräterische Sprache unterscheidet zwischen einer allgemeinen Gerechtigkeit, einer sozialen Gerechtigkeit, einer Steuergerechtigkeit, einer Gerechtigkeit für die Rentner oder die Facharbeiter oder die Schornsteinfeger. Ohne solche programmatischen Zusätze ist das Wort Gerechtigkeit allerdings nicht populär. Es eignet sich nur sehr schlecht, um daraus Phrasen zu bilden, und die erahnte Wichtigkeit des Begriffes verhindert offensichtlich, daß es sich so biegsam handhaben und mißbrauchen läßt, wie beispielsweise das Wort „Freiheit".

Wenn bereits jetzt die Frage, was Gerechtigkeit eigentlich sei, zurückgedämmt erscheint, so liegt das aber daran, daß im Grunde kaum ein Mensch je lebt, ohne sich eine Vorstellung von der Gerechtigkeit zu machen. Ja die allermeisten wissen recht gut, worum es sich handelt, selbst die, die es kaum formulieren könnten, und die Frage, was denn Gerechtigkeit sei, ist auch weit eher eine Ablenkung vor den verpflichtenden Bürden, die sie auferlegt, setzen doch alle Verheißungen voraus, daß es Menschen gibt, die hungern und dürsten nach der Gerechtigkeit, und daß es zum Los des Menschen gehört, Verfolgung zu leiden um der Gerechtigkeit willen.

Um aber doch noch die Gerechtigkeit zu kennzeichnen, läßt sich dartun, daß sie wesensgemäß in dem rechten, einem Menschen oder einem Vorgang, durch Menschen verursacht, entsprechenden Maß besteht, daß jedermann für das, was er frei verwirklicht, verantwortlich ist und daß niemand einem anderen etwas aufbürdet, was dieser billigerweise zu tragen nicht verpflichtet ist. So besehen, ist Gerechtigkeit eine Kategorie und ein Regulativ in einem. Dennoch ist die Rolle, die sie im Bewußtsein der Menschen unserer Gesellschaft spielt, klein, ja subaltern. Zwar wird die Gerechtigkeit ohne viel Federlesens den Juristen zugewiesen, doch die Vorstellung vom Wert solcher juristischer Gerechtigkeit ist meist recht trüb. Diejenigen, die eben die Kompetenz juristischer Instanzen beschworen haben, meinen, sobald sie sich auch nur im geringsten mit konkreten Vorgängen befassen müssen, daß die Gerechtigkeit bei den Juristen so gut doch nicht aufgehoben sei. Sie machen geltend, daß derjenige, der gezwungen sei, sich auf dieses glatte Parkett zu begeben, meist doch in der einen oder anderen Weise draufzahle. Hierbei unterschieben sie als Maßstab ein Rechtsgefühl, das ungemein bezeichnend ist, ohne daß es ihnen bewußt wäre.

Die finstere Zeit vor und während des Zweiten Weltkrieges schuf sich wie alle solchen Zeiten eine eigene Justiz, die nichts war als ein Apparat, um die Willkür der Häuptlinge durchzusetzen. Das Recht als Gesamtheit aber diente dazu, die Untaten, welche man praktisch verübte, nachträglich zu rechtfertigen: Gerechtigkeit war eine Apologetik ihrer gegenteiligen Praxis geworden.

Von solchen Rechtspraktiken ist unsere eigene Epoche, was den formalen Ablauf des Rechts angeht, weitgehend distanziert, indes haben doch zwei deformierende Prägungen aus dieser Zeit überdauert. Zum einen, daß das Recht nicht mehr der tragende Grund jeglichen Gemeinwesens ist. Der Satz des Augustinus: „Remota iustitia, quod sunt regna, nisi magna latrocinia – Nichts als Räuberhöhlen sind die Königreiche ohne Gerechtigkeit", hat heutzutage bestenfalls den Rang und den Geltungsbereich eines Bonmots, weil er als fundamentale Aussage nicht mehr verstanden werden kann. Daraus folgt, zum zweiten, daß das Recht immer mehr auch seinem Wesen nach verstanden wird als praktisches Regulativ, als das, was eben das Leben und Zusammenleben der Menschen innerhalb gewisser Grenzen reguliert und aus dieser regulierenden Funktion allein seine Daseinsberechtigung, aber auch seine Zielsetzung abzuleiten habe. So besehen, wird die Gerechtigkeit nicht nur peripherisch, sie wird zu einem Akzidens, zu einer zufälligen Hinzufügung. Ist ein brauchbares, von der Justiz kommendes Regulativ gleichzeitig auch gerecht, um so besser; läßt es sich auf diesen Begriff nicht beziehen, so braucht das nicht seine Brauchbarkeit zu schmälern: so etwa stellt sich das Recht im Prinzip heute sehr vielen Menschen dar, und das schafft auch jene sehr große, jene übermäßige persönliche Distanz der Menschen unserer Epoche zur Gerechtigkeit als einem in sich ruhenden und an und für sich erstrebenswerten Wert. „Fiat iustitia, pereat mundus – Gerechtigkeit soll werden, ob auch die Welt in Trümmer falle", ein solches Wort könnte sich heute kaum noch im Reservat sogenannter Überspanntheiten ein enges Plätzchen sichern, sondern diente allenfalls als Antithese für eine Verklärung heutiger Praxis auf Journalistenniveau.

Und dementsprechend sehen wir auch die Abläufe in der Praxis. Wer gar nicht mehr anders kann, als seine persönlichen Zwecke mittels des Rechts durchzudrücken, bleibt ganz im Banne dieser Zwecke. Das Ende eines zivilen Rechtsstreites ist heute typischerweise der Vergleich, doch nicht deshalb, weil die Menschen friedliebender oder großzügiger geworden wären. Das Risiko, in einem Rechtsstreit zu unterliegen, das heißt, jenes Materielle nicht zugesprochen zu bekommen, um dessentwillen man sich überhaupt erst in Bewegung gesetzt hat, dieses Risiko scheuen Menschen notwendig, denen Gerechtigkeit nicht mehr der innerste Kern des Rechts ist. Eine ganze Reihe von Interessen aber kann man heute von vornherein nicht mit Aussicht auf Erfolg rechtlich wahrnehmen, weil die Rechtsprechung sich nahezu völlig dem pragmatischen Prinzip seiner regulativen Funktion angepaßt hat, ja sich bereits weitgehend mit diesem Prinzip identifiziert. Das ist der Grund dafür, weshalb nur irreale Träumer einen Prozeß gegen eine Versicherungsgesellschaft oder gar gegen den Staat selbst führen, der Gewitzte weiß Bescheid, denkt sich sein Teil und nimmt lieber eine Ungerechtigkeit – eine mehr wird wohl nicht gleich schaden – in Kauf als ein Risiko, das eigentlich keines ist, weil der Ausgang in solchen Fällen gewissermaßen prästabiliert, vorgeprägt ist.

Auch höchstinstanzliche Urteile, beispielsweise daß eine Hausfrau für einen Defekt an ihrer Waschmaschine haftet, wenn sie sie auch nur eine Viertelstunde unbeaufsichtigt läßt, und zwar auch dann, wenn für den Schlauch, dessen Defekt dann die Überschwemmung verursacht, noch eine Garantie läuft, fügen sich durchaus der regulativen Funktion des Rechts, nur daß diese mit der Gerechtigkeit nicht mehr zu tun hat als seinerzeit etwa ein „Führerbefehl", gegen den man sich einen Sekundenbruchteil mit dem letzten Rest gesunden Instinktes empörte, ehe man fatalistisch-gehorsam und im Gefühl seiner persönlichen Ohnmacht den Rücken beugte.

Von da aus führt eine konsequente Linie von der Gerechtigkeit weg bis zur terrorisierenden Einengung des Alltags. Wer es unterläßt, so lautet ein anderes höchstinstanzliches Urteil, sein Haus deutlich mit einer Nummer zu kennzeichnen, kann sich strafbar machen. Sollte beispielsweise ein Notarzt wegen einer fehlenden oder undeutlichen Hausnummer zu spät kommen und der Patient sterben, so kann der Hauseigentümer sogar strafrechtlich und zivilrechtlich haftbar gemacht werden, und zwar ohne daß überhaupt darüber gehandelt wird, ob ein Patient dadurch, daß ein Arzt fünf Minuten früher erscheint, zu retten ist und ob das im konkreten Fall so gewesen wäre.

Möchte nun etwa jemand das Recht, so wie es heute in unserer Zeit verstanden und geübt wird, verteidigen, so könnte er freilich für das Zivilrecht geltend machen, daß hier gewisse Einschleifungen und ein dadurch bewirkter Profilverlust um eines zügigen Abrollens willen in Kauf genommen werden müßten; daß in Bagatellsachen oft das Erforschen der Wahrheit, die ja die Voraussetzung für die Gerechtigkeit ist, unangemessen mühsam sei und deshalb mitunter wohl den Vergleich rechtfertige und daß hier ja im zivilen Recht primär nicht Recht und Unrecht gegeneinander stünden, sondern verschiedenartige Interessen. Würde man sich einer solchen Argumentation auch nicht grundsätzlich anschließen, so würde man doch vielleicht im Praktischen einige Nachsicht üben können und einräumen, daß es wohl wirklich schwer sei, einen Streit um einen Liefertermin so zu verhandeln und zu entscheiden, daß das Verfahren selbst und das Ergebnis deckungsgleich der Gerechtigkeit entsprechen, zumal nicht diese direkt justiziabel ist, sondern Rechtsnormen, die im positiven Recht an und für sich weitgehend regulativen Charakter haben.

Nun denn, der eigentliche Bereich, in dem unsere Zeit mittels des von ihr geübten Rechts die Gerechtigkeit in einer vordem jemals kaum erreichten, das Individuum buchstäblich und unmittelbar bedrohenden Weise verfehlt, ist denn auch das Strafrecht. Sehen wir zu, was da typischerweise vor sich geht:

Die vierundzwanzigjährige Ehefrau eines Mannes, der querschnittsgelähmt ist, das heißt, bei dem die Lähmung infolge eines Bruches der Wirbelsäule ab einer gewissen Höhe die ganze untere Körperhälfte umfaßt, ist unzufrieden über die damit verbundene Unfähigkeit des Mannes zum ehelichen Verkehr. Sie könnte sich zwar scheiden lassen, doch sie zieht es vor, ohne sich viel um den Haushalt und ihre beiden noch kleinen Kinder zu kümmern, munter von der Rente des Mannes in den Tag hineinzuleben, sich gelegentlich, um sich einen Wunsch erfüllen zu können, für den diese Rente zu klein ist, zu prostituieren und im übrigen ihre Launen, die sich sofort radikal verschlechtern, sobald sie nur ihres Ehemannes ansichtig wird, an diesem auszulassen. Eines Tages beschließt sie, daß es so nicht mehr weitergehen soll. Sie nimmt einen großen, schweren Stein, eine sogenannte Kristalldruse, wartet, bis ihr Mann schläft, und zertrümmert dann seinen Schädel. Das ist ihr nicht sicher genug. Sie eilt in die Küche, holt ein großes Messer, schneidet dem Opfer den Hals bis auf die Wirbelsäule durch und versucht auch, eines seiner Beine abzutrennen („irgendwie mußte ich ihn ja klein kriegen"). Danach zerrt sie die Leiche in den Garten, gräbt das Beet auf und pflanzt einige Sträucher flüchtig auf die Erde, mit der sie die Leiche bedeckt hat. Anschließend säubert sie Zimmer, Flure und Treppenhaus und legt sich schlafen. Am nächsten Morgen schickt sie die Kinder in die Schule, erklärt Besuchern, die nach ihrem Mann fragen, dieser sei bereits gestern nicht nach Hause gekommen, und versucht am späten Nachmittag, ihren Vater dazu zu überreden, ihr beim Wegschaffen der Leiche behilflich zu sein. Dieser lehnt das ab und veranlaßt die Verhaftung.

Vor Gericht sagt die junge Frau aus, ihr Ehemann habe sie dauernd beschimpft und schikaniert und ihr keine einzige Freude gegönnt. An dem fraglichen Abend habe er besonders wüste Beleidigungen ausgestoßen, sie wisse im einzelnen gar nicht mehr, welche. Das habe sie so erbost, daß sie, die im Raum nebenan gewesen sei, einen Stein ergriffen und damit ihren Mann zur Ruhe habe bringen wollen. Nein, geschlafen habe er nicht, das wäre ja sonst ein Mord gewesen. Nein, eine Tötungsabsicht habe sie nicht gehabt, sie wollte nur, daß er ruhig sei. Nein, auch mit dem Messer wollte sie ihn nicht töten, sie habe nur Angst gehabt, er könnte trotz der Schläge mit dem Stein aufstehen und ihr etwas antun. Die Leiche habe sie aus Angst vergraben. Nein, Mitleid habe sie nicht empfunden, empfinde auch jetzt keines, er hätte eben nicht so schimpfen sollen.

Diese junge Frau wurde in dem Verfahren zu vier Jahren „Freiheitsentzug" verurteilt wegen „Totschlags in einem minder schweren Fall", und nur den durchschlagenden Ausführungen eines Sachverständigen ersten Ranges ist es zu verdanken, daß nicht auch noch eine Milderung der Strafe wegen teilweiser Unzurechnungsfähigkeit stattfand.

Ein zweiundzwanzigjähriger Mann verschafft sich unter einem Vorwand Zutritt in die Wohnung eines flüchtigen Bekannten. Dessen Ehefrau ist allein zu Hause. Der junge Mann würgt sie am Halse bis zur Bewußtlosigkeit, entkleidet sie, zerrt sie ins Schlafzimmer und vergeht sich an ihr, während sie bewußtlos ist, und vergewaltigt sie erneut, als sie das Bewußtsein wiedererlangt. Dann dreht er sich seelenruhig im Bett um und schläft, bis er von der alarmierten Polizei geweckt wird. Er wird nach wenigen Tagen aus der Haft entlassen, denn es bestehen ja keinerlei Haftgründe. Er hat einen festen Wohnsitz und wird die Tat auch nicht verdunkeln, sondern ist geständig. Bei einer unmittelbar anschließenden Begutachtung wird er darüber belehrt, wie eminent gefährlich es ist, einen Menschen zu würgen. Fünf Tage später lauert dieser selbe junge Mann einem Mädchen auf, das er nur vom Sehen kennt, wartet, bis es die Haustür aufsperrt, zerrt es dann in den Hausflur, würgt sie und löst dadurch einen tödlichen Schock aus. Anschließend vergeht er sich an dem Mädchen und entkommt zunächst unerkannt. Bei der Verhandlung bestreitet er jegliche Tötungsabsicht, ein Gutachter attestiert, daß er zwar nur leicht alkoholisch beeinflußt war, daß dies aber, da der Täter ein unkritischer Mensch sei, möglicherweise genüge, um eine teilweise Unzurechnungsfähigkeit nicht mehr mit Sicherheit ausschließen zu können. Es genügt tatsächlich: der junge Mann wird wegen „Körperverletzung mit Todesfolge" zu dreieinhalb Jahren „Freiheitsentzug" verurteilt, seine Einweisung – dies im Hinblick auf den Alkoholgenuß – in eine Klinik wird angeordnet; der Aufenthalt dort wird kraft Gesetzes auf die Strafe angerechnet; nach Verstreichen der Hälfte der im Urteil genannten Zeit kann eine weitere Strafe oder Unterbringung „zur Bewährung" ausgesetzt werden.

Schließlich hat sich ein vierzigjähriger verheirateter Mann eine jüngere Freundin zugelegt, die nach Freundinnenart bohrt und mault und gern die Nachfolgerin der Ehefrau werden möchte. Unserem Mann ist aber eine Scheidung und gar eine Unterhaltszahlung viel zu aufwendig und zu unbequem. So wartet er, bis er eines Tages seine Ehefrau beim Brotschneiden antrifft. (Der Sachverhalt ist aus seinen eigenen Äußerungen bekannt, die jedoch unter Umständen erfolgten, die eine strafrechtliche Verwertung ausschlossen.) Er nimmt ihr, die darob erstaunt ist, das Messer aus der Hand und stößt es ihr, ohne sich einen Augenblick zu besinnen, mitten ins Herz. Vor Gericht erklärt er, seine Frau habe einen Wortwechsel begonnen und sei dann mit dem Messer auf ihn losgegangen, er habe es ihr zu entwinden versucht, und dabei sei es zu dem unglücklichen Stich gekommen. Die kriminologischen Untersuchungsergebnisse sprechen nicht dagegen, es wurden Hand- und Fingerabdrücke des Mannes und der Frau gefunden. Außerdem bestätigt ein Nachbar, daß sich das Ehepaar schon früher einmal gezankt habe. Das Urteil lautet wegen fahrlässiger Körperverletzung mit Todesfolge auf zwei Jahre „Freiheitsentzug", der „zur Bewährung" ausgesetzt wird; der Angeklagte verläßt den Gerichtssaal als freier Mann und kann seine Freundin heiraten.

Diese Beispiele sind noch nicht einmal besonders ausgefallen, sondern der alltäglichen Gerichtspraxis entnommen. Verstört und aufgewühlt fragt sich spontan jeder, der nicht selbst schon völlig denaturiert ist, wie eine solche Rechtspraxis denn nur überhaupt denkbar ist.

Sie ist denkbar, ja sie ist die allein geübte, weil einige wenige, aber gravierende Klischees, die mit der ganzen abartigen Inbrunst, wie sie Menschen entfalten, die auf dem falschen Weg sind, der Justiz oktroyiert werden. Da ist als erstes zu nennen die wider alle Argumente, ja wider alle entgegenstehenden Tatsachen aufgestellte, sich verfestigende und an Geltung stets noch zunehmende These von der sozialen Abhängigkeit eines Täters und seiner ihm nicht zurechenbaren Getriebenheit durch ein Kollektiv.

Das will, in verständlichere Worte übersetzt, heißen, daß vorgeblich ein Mensch gar nicht in einer von ihm zu vertretenden Weise der Herr seiner Taten sei. Weil man die Erfahrung gemacht hat, daß Kinder, die in Heimen oder bei Fremden oder bei wenig liebevollen Pflegeeltern aufwachsen, später eine lockere Bindung an die Gesellschaft und ihre Normen zeigen, weil sie weit weniger sorgfältiger erzogen worden sind als andere, weil sich belegen läßt, daß die Delikte solcher Menschen, deren Jugend in der einen oder anderen Weise und mehr oder minder disharmonisch war, sich meist auf das richten, was gewissermaßen ein Defizit zu füllen imstande ist, weil es vorkommt, daß jemand, der etwas im Leben nicht erreichen kann, weil er zu unfähig oder auch nur zu faul ist, die Geduld verliert und es sich mit Gewalt beschafft, weil jemand eine Beeinträchtigung schicksalhafter Art nicht hinzunehmen und zu verarbeiten bereit ist, sondern seine Situation korrigiert, sei es um den Preis eines Verbrechens, deshalb, so schloß man, ist eine alleinige Verursachung von Verbrechen durch einen Menschen überhaupt nie, in keinem Fall gegeben. Der Verbrecher darf, so folgert man weiter, nicht isoliert betrachtet werden, es ist zu untersuchen, inwieweit eben der spezielle Werdegang, eben die dadurch besonders geformte Persönlichkeit von Einflüssen abgehangen haben, die er selbst weder erkennen noch von sich aus ändern konnte.

Bereits dieser Blickwinkel ist bedenklich, denn er reduziert schematisierend die Fülle aller Einflüsse und Ereignisse und Erlebnisse auf solche, die als geeignet angesehen werden, die unmittelbare Verknüpfung von Täter und Tat zweifelhaft zu machen, unter Außerachtlassung all der vielen andersartigen Einwirkungen, die Voraussetzungen für das genaue Gegenteil waren, die beispielsweise einen Menschen wohl befähigten, zu erkennen, was recht und unrecht ist, und ihm auch jene Mittel nannten, die ihm eine weitgehende Anpassung an solche Normen bei auch nur einigem guten Willen ermöglichen.

Noch verheerender allerdings ist es, wenn man, wie es geschieht, solche Kausalität anlagert, verschweißt mit dem ganz andersartigen Begriff der Schuld. Weil ein Täter als Kind einmal ungerecht geschlagen wurde, weil ein Täter früher einmal in der Schule ungerechterweise eine schlechtere Note erhalten hat, als er verdiente, weil ein Täter einmal von einem schlecht eingestellten Wecker nicht rechtzeitig geweckt wurde und dadurch einen Posten, den er wie nichts sonst auf der Welt erstrebt hatte, nicht erhielt, deshalb soll seine Schuld geringer sein, wenn er Jahre später ein Kaufhaus in Brand steckt, einen Raubüberfall verübt oder einen mißliebigen Menschen ermordet. Wir sehen unschwer die platte Pseudopsychologie in ihrer Ausprägung als Simplificatio terribilis, als fürchterliche Vereinfachung der analytischen Individualpsychologie.

Doch damit hat es sein Bewenden nicht. Es schießen hier noch ganz allgemeine Theoreme wirtschaftlicher Natur ein. Wer arm war, der war benachteiligt, ein Benachteiligter gerät leichter in Versuchung, Delikte zu begehen, als ein Satter. Wer einer bestimmten Schicht angehört, ist, so kann man hören, notorisch, an und für sich und für alle Zeiten benachteiligt, ihm ist also ein Vorsprung bei der Begehung von Delikten einzuräumen. In unmittelbarer Nähe solcher Ableitungen ist das immer beliebter werdende Schlagwort angesiedelt, nicht ein Täter sei schuld an seiner Tat, sondern „die Gesellschaft", denn sie habe ihn „dazu getrieben", und Argumenten durchaus und absolut unzugänglich und lediglich zur nichts beweisenden unkritischen Beschimpfung eines möglichen Diskussionsgegners bereit sind und bleiben die Verfechter solcher abstruser Pseudospekulationen auch dann, wenn man sie fragt, inwiefern „die Gesellschaft", der sie selbst ja ebensogut angehören wie der Täter, überhaupt schuld daran sein könnte, daß jemand, der einen Beruf erlernt hat, es statt dessen vorzieht, Hehler zu sein und einen wöchentlichen Reingewinn von 50000.– DM einzustreichen.

Und es verliert das Schlagwort von der „Schuld der Gesellschaft" auch dort nichts von seiner Aktualität, wo es um ausgesprochene Affektverbrechen geht. Hier, so wird argumentiert, staut sich infolge der Ungerechtigkeit eines gesellschaftlichen Systems der Haß – den man allerdings beschönigend „Aggression" nennt –, und der entlädt sich dann im unrechten Moment, weil die Gesellschaft es versäumt hat, dem Täter zu zeigen, wie sich sein Haß im rechten Moment entladen sollte und könnte. Ja selbst für den allerdunkelsten und autonomsten Bereich von rechtserheblichen Abweichungen – die allerdings samt und sonders völlig irrigerweise als Straftaten aufgefaßt werden –, für die sogenannten Triebverbrechen, nimmt man seine Zuflucht zu solchen primitiven, womöglich auch noch in der Landeswährung ausdrückbaren sozialen Bezogenheiten, obwohl heute und hier zweifelsfrei klar ist, daß es sich um Vorgänge handelt, die auf Abartigkeit der Triebe mit einer sicher vorhandenen Entsprechung, zumindest funktionaler Art, im Körperhaften zurückzuführen sind, wenn sie überhaupt eindeutig auf etwas Isolierbares zurückgeführt werden können.

Die gegenwärtige Strafrechtspraxis ist aber auch aus einem anderen Grunde nicht ohne Zeitfundamente. Sie kommt unmäßig weit einem Wunschdenken entgegen, das in der Tat zu höchst wünschbaren Konsequenzen führen würde, wäre es nicht völlig illusionär. Wenn nämlich, so folgert man, durch einen Täter nur das allgemein Üble einer Gesellschaft hindurchwirkt, nun, dann braucht man ihm dies ja nur klarzumachen und ihn höflich zu bitten, nicht mehr zum Vehikel dieses kollektiven Bösen dadurch zu werden, daß er es zu einer individuellen Straftat transformiert. Dies wiederum kann man so erreichen, daß die Strafe eher Erziehung zum künftigen Wohlverhalten bewirkt, als daß sie, was einzig ihrer Natur entspricht, eine Sühne bewirkte, soweit Sühne eben jeweils überhaupt möglich ist.

Praktisch führt das dazu, daß man tunlichst alle Unbequemlichkeiten, die eine Haft mit sich bringt, ausschaltet. Bereits die Untersuchungshaft ist auf ein Minimum beschränkt; es wird, nahezu täglich infolge der Urteile der oberen Instanzen, schwerer, jemanden in Haft zu nehmen und zu halten. Das Töten eines Menschen ist heute an und für sich kein Grund für eine Haft, das Vergewaltigen mehrerer Mädchen, das Legen eines Brandes, ja selbst die Drohung, sich gewaltsam an einem Sicherheitsorgan zu rächen, sind an und für sich kein Grund für eine Haft, und selbst wenn den Gerichten bekannt ist, daß jemand seine Flucht ins Ausland betreibt, er aber nachweist, daß er nicht im Besitz eines gültigen Reisepasses ist, so ist das kein Grund für eine Haft.

Wenn aber schon Haft, dann eine, die es erlaubt, Nachrichten von Komplizen zu empfangen und ihnen wieder solche zukommen zu lassen; die es erlaubt, Alkohol, Drogen und Rauschgifte in die Gefängnisse – welches verpönte Wort jetzt durch „Justizvollzugsanstalt" ersetzt ist – zu bringen, nicht weil man sie selbst benötigt, sondern um dort einen schwunghaften Handel zu treiben. Daß es Urlaub aus der Haft geben muß, und zwar ohne Ansehen des Haftgrundes oder des Deliktes, das zur Verurteilung führte, versteht sich von selbst, und wenn bei dieser Gelegenheit neue Straftraten begangen werden, verweisen die Befürworter des Systems auf die Statistik, wonach „nicht alle" Beurlaubten rückfällig werden.

Von da aus ist es nur ein Schritt, die Aufhebung aller Haft zu fordern, was sich noch zusätzlich durch die gewaltigen Einsparungen an Mitteln rechtfertigen ließe. Tatsächlich hat bereits ein Minister auf die „abträgliche Wirkung von Freiheitsstrafen" hingewiesen und empfohlen, diese zwar auszusprechen, nicht aber zu vollstrecken. Wie eine ausgesprochene, aber nicht vollstreckte Strafe, ein Vorgang also, der sich im selben Augenblick selbst annulliert, dahin wirken kann, daß sich jemand künftig besser und reibungsloser und vor allem deliktfrei „in die Gesellschaft eingliedert", bleibt ungesagt und rätselhaft.

Doch auch dieser Schritt ist nicht der letzte. Tatsächlich wird heute bereits von vielen erwogen, das gesamte Strafrecht abzuschaffen, vorwiegend aber ein Strafrecht, das man im Jargon „Schuldstrafrecht" nennt. Der Begriff der Schuld läßt sich, wie wir gesehen haben, nicht nur abschwächen und auffasern, er läßt sich durch psychologistische Methoden völlig atomisieren und entzieht sich natürlich dann der Feststellung. Denn je mehr man als relevant für das Zustandekommen eines Verbrechens ansieht, desto weiter führt das von der Person des Täters weg, führt zu Konstellationen und Kräftepotentialen apersonaler Art und kehrt nicht selten die eigentliche Kausalität in der bekannten Weise um, daß nicht der Täter, sondern sein Opfer für ursächlich schuldig an der Tat des Täters hingestellt wird. Und das ist kein makabrer Kalauer, sondern eine Wirklichkeit, wenn freilich dennoch eine makabre, daß Verfechter einer Ultrareform des Strafrechts öffentlich verkünden, wenn man wirklich reformieren wolle, dann dürfe man auf die Gefühle der Opfer oder ihrer Angehörigen keine Rücksicht nehmen. Auch kann heute allen Ernstes bereits die Frage gestellt werden, wieso es nützt, wenn jemandem, der etwas Übles begangen habe, jetzt selbst Übles zugefügt werde, und dergleichen perverse Sätze sind bezeichnenderweise dort beheimatet, wo man sich des Staates, der ja der eigentliche Garant des Rechts sein soll, wie einer Beute bemächtigt hat: in den Ideenmacherbüros der politischen Parteien.

Was es nützt, das ist es; was es nützt, das droht zum Kriterium des Rechts zu werden. Und fragen wir uns jetzt, wo ist hier in diesem System die Gerechtigkeit, so erkennen wir unvermittelt: von ihr ist schon lange nicht mehr die Rede, sie ist uns abhanden gekommen und ist, legen wir die Voraussetzungen der Reformer zugrunde, in der Tat entbehrlich, wenn es um den Ersatz des Rechts durch etwas geht, das man, in vermeintlichem Gegensatz zum „Schuldrecht", „Maßnahmenrecht" nennt.

Maßnahmen sollen dort an die Stelle von Strafen treten. Der nicht mehr zu Bestrafende, sondern zu „Maßnahmende" braucht also nicht zu befürchten, daß er für seine Taten, sei es auch in der mildesten Weise und auch nur nach Art eines sanften Vorwurfs, zur Rechenschaft gezogen wird. Er wird nur überredet werden, einzusehen, daß man so etwas in Zukunft nicht tun darf. Für die Wirksamkeit einer solchen Überredung haftet freilich niemand, und der zu „Maßnahmende" garantiert auch selbst für nichts. Wozu auch, ihm kann ja nichts geschehen, denn begeht er doch wieder eine Untat, so braucht er erneut nichts zu verantworten und sieht sich wieder nur „Maßnahmen" ausgesetzt, denen er mit Seelenruhe entgegenblicken kann, weil sie nicht das geringste persönliche Risiko mit sich bringen.

Eine solche Entwicklung indes führt zur Auseinandersprengung jeder Gesellschaft, denn im letzten wird eine solche immer nur möglich sein, wenn der Mensch die Gegebenheiten, die ihm dort widerfahren, sei es von der Allgemeinheit, sei es von seinesgleichen als Einzelwesen, innerlich bejahen kann, was aber zugleich nur eine andere Definition der Gerechtigkeit ist.

In unserer Zeit sind mangelndes geistiges Durchdringungsvermögen und Stumpfheit der Gefühle die bahnende Voraussetzung für die Mißachtung der Frage nach der Gerechtigkeit. Das ist an und für sich erstaunlich, denn eine Zeit, die wie nichts sonst das Risiko scheut, tut mit aller Kraft die sichernde und stabilisierende Funktion des Rechts von sich und gesellt zu der existentiellen Unsicherheit einer orientierungsschwachen Zeit auch die körperliche Unsicherheit eines von Gewaltverbrechen palisadenförmig umstellten Alltags. Und hier ist der einzelne ohnmächtig, weil die Statuierung und die Handhabung des Rechts von einigen wenigen mächtigen Unbekannten abhängt – es ist unbekannt, wer hinter den Funktionären politischer Parteien steht –, die sich sektiererisch gegen den Grundwert der Gerechtigkeit verschworen haben.

Doch weitreichende Folgerungen ergeben sich für einen jeden Menschen. Das Leben ist gefährlicher geworden, die öffentliche Sicherheit ist bedroht wie nie, und der Staat vermag nicht mehr seine Bürger zu schützen, hingegen begünstigt die Praxis der heutigen Justiz die Rechtsbrecher. Deshalb muß jedermann mehr als vordem auf seine Sicherheit bedacht sein, muß sie ständig als etwas jeden Augenblick zu Realisierendes handhaben und darf sich nicht mehr dem dem Wunsch des Menschen freilich weit eher entgegenkommenden Gefühl hingeben, darauf vertrauen zu können, in einer sicheren Gemeinschaft zu leben.

Schon warnen von der Polizei herausgegebene Plakate: „Gewaltverbrecher schrecken vor nichts zurück. Falsches Heldentum kann tödlich – Vorsicht kann lebensrettend sein", was heißt, man soll Gewaltverbrechern keinen Widerstand leisten. Die Polizei von New York gar rät fremden Besuchern, nach achtzehn Uhr ihre Unterkünfte nicht mehr zu verlassen.

Wir sehen uns in eine Epoche zurückgestuft, in der es erforderlich war, seine Waffe mitzunehmen, wenn man sein Haus verließ, und das gleiche wäre auch heute wieder ratsam, wenn es nicht so schwer wäre, in den Besitz einer Waffe zu gelangen. Denn wenn Unbescholtene einen Waffenschein beantragen, zeigen sich die Behörden ungemein besorgt und machen Schwierigkeiten, wo sie nur können und auch wo sie nicht können.

Doch gilt es sich zu wappnen durch das Bewußtmachen der tristen Wirklichkeit und nicht nachzulassen darin, bis die kategorische Forderung allgemein wird, nicht eine hypostasierte Nützlichkeit, sondern die Gerechtigkeit selbst wieder in den Mittelpunkt des Rechts zu rücken und der Gerechtigkeit im Bewußtsein der Gesellschaft jene Wertfunktion zu übertragen, die allein auf die Dauer eine Gesellschaft ermöglicht und verbürgt.

VI.

Die fehlende Generation des Protestes –
die Revolution in Agonie

Immer, wenn eine Zeit sich selbst Lebensbedingungen geschaffen und auferlegt hat, die sich dann in den Konsequenzen und in den weiteren Verästelungen dieser Konsequenzen als beengend, atemverknappend, lebensvergällend und angstmachend niederschlagen, halten die, welche sich wie Gefangene einer Zeit vorkommen, Ausschau nach einem Retter. Es liegt sehr nahe, bietet sich von selbst an, solche befreiende und rettende Funktion erst einmal der nachfolgenden, der jungen Generation zuzuweisen. Sie, so meint man, ist noch nicht durch die Fülle der Schädlichkeiten zermürbt, sie hat noch natürlichen Elan und jenen durch Gold nicht aufzuwiegenden Überschwang, der weit eher aus sich heraus das Rechte trifft als das schwächliche Grübeln eines vergreisten Tüftlers.

Ob eine junge Generation die Hoffnung, die man auf sie setzt, wird erfüllen können oder nicht, und zwar als Generation, nicht etwa durch Vereinzelte, die ihr ob des Jahrgangs angehören, hängt zum nicht geringen Teil davon ab, ob die unterstellte Aussparung von der Schädigung durch Zeiteinflüsse eine Tatsache ist, ferner aber davon, wie sich die junge Generation selbst versteht, worin sie ein Generationenziel sieht, und auch davon, was sie, eingenommen oder gar überwältigt von einem selbstgesteckten Ziel, nicht sieht.

Nirgendwo tritt dies deutlicher hervor, als wenn die Jugend beginnt, sich in irgendeiner Hinsicht als revolutionär zu begreifen und zu verhalten. In unserer Zeit sind alle Kräfteverschiebungen solcher Art zurückzuleiten auf eine auch nach außen hin unruhige Zeitspanne vor einigen Jahren, in welcher sich jener Teil zumindest der Jugend, der sich als revolutionär verstanden hat, Ziele gesetzt und Programme für sich entworfen hat, die, seither kaum revidiert, zwar nicht verwirklicht werden konnten, wie das mit Programmen meist der Fall ist, die aber auch niemals überwunden, weitergeführt oder neu begründet wurden und deshalb auch heute noch ziemlich genau jene geistige Fläche markieren, die der jungen revolutionären Generation als Kampf- und Wohnfläche zugleich dient.

Es begann mit sehr kernigen Sprüchen. „Von Warschau bis Paris", fanalhaft und kompakt klang das, Garantie verheißend ob der geographischen Ausgedehntheit, Solidarität einspiegelnd ob des scheinbaren Umgreifens konträrer Gegebenheiten und Gesellschaften. Doch zugleich mit solchen Sätzen schlägt die feine seismographische Nadel der Sprache warnend aus und weckt die Befürchtung, es möchte sich am Ende dieser kernige Satz als gleich fatal erweisen wie der bewährt katastrophenschaffende ähnliche „Von der Maas bis an die Memel".

Der nüchterne Gehalt, der aus der Umspinnung durch Völkermythologie, Sozialgnostik und Suggestionspolitik herausgelöste Gehalt beider Sätze, läßt eine Analogie zu: sowohl an der Maas ungefähr als auch an der Memel, an diesen beiden Flüssen unter anderen, jedoch an ihnen als fiktiver Grenzposition, leben Menschen, gehen ihrer Beschäftigung nach, lieben, hassen und sterben und sprechen bei alldem Deutsch. In Warschau sowohl wie in Paris, in beiden Städten unter anderen, wiewohl in diesen Städten als äußersten Vorposten, von denen aus eine Strahlung über den Erdball erträumt wird, sind junge Menschen unzufrieden, unruhig, sprechen über die Welt, rotten sich zusammen, versuchen, fixierte alte Mythen durch flotierende eigene zu ersetzen, rebellieren, werfen Steine, messen ihre Muskelkräfte mit denen der Polizei und ihre geistigen unterschiedslos mit jedem, dessen sie habhaft werden können. Bei alldem unterstellen sie, die anvisierte Umwelt sei verschreckt und verstört, und das allein sei die Voraussetzung für die Voraussetzung zur Neuverteilung der Welt.

Diese jungen Menschen oder, wie man sie simplifizierend nennt, die Studenten genießen viele Sympathien, Sympathien, die mit einem Kranz von Argumenten garniert werden. Es ist, so wird gesagt, gut und richtig, daß Menschen, insbesondere junge Menschen, sich endlich einmal aufraffen, daß sie unvoreingenommen und kritisch alles sichten, daß sie dabei keine Unbequemlichkeit scheuen, daß sie etwas tun, vor allem tun, auch wenn sie dabei das rechte Maß verfehlen, auch wenn sie keine klare Vorstellung haben. Denn so, wie die Verhältnisse jetzt sind, und nicht wahr, darin sind wir uns alle einig, wir haben ja schließlich unsere Erfahrungen, also so, wie die Verhältnisse jetzt sind, kann es doch ganz unmöglich weitergehen. Das muß geändert werden, und eine Änderung bedarf des Ansatzes, und dieser Ansatz kann nur in der Unruhe junger Menschen liegen, denn nur sie haben die unverbrauchte Kraft und die Beharrlichkeit. Und deshalb ist die Revolution der Jungen erst der Beginn.

Soweit das wohlwollende Schulterklopfen aus diesen Tiraden herausklingt, sind die Klopfer verdächtig, wenn auch noch nicht überführt. Das läßt indes nicht auf sich warten. Die Sympathienkette wird so gut wie nie ohne jenen einen, unüberbietbaren Selbstverrat enthaltenden Satz beendet: Die Unruhe der Jungen ist etwas Positives. Etwas Positives, da ist sie, die geistige Impotenz der älteren Generation, in ihrer ganzen Erbärmlichkeit, unverhüllt durch den spinnwebendünnen Paravent der Phrase. Denn anders als in der Physik ist „positiv" kein Wort, das einen bloßen Modus, sondern eines, das einen *Inhalt* belegt. Einen Inhalt, der nirgendwo und niemals vorausgesetzt werden kann, weil es sich in Wahrheit gerade um ihn handelt. Vor der Frage, ob etwas „positiv" sei, steht die höherrangige, weil entscheidende, *was*, welche Dinge, welche Ziele, welche Abläufe, welche Zusammenhänge, das Prädikat „positiv" verdient oder verlangt. Ja es geht im Kern hierum und um nichts anderes jegliche Diskussion. Nur bei jenen nicht, die ständig das Wort „positiv" im Maul herumwälzen, um es dann sprühregenartig von sich zu geben. Für sie ist alles positiv, was ihnen gerade in den Kram paßt oder doch – man weiß ja nie, wie alles noch kommt – passen könnte.

Nun ist es die mittlere und die ältere Generation, die durch ihr historisches Versagen, durch ihr Nichttun, durch ihren Opportunismus, durch ihre Raffgier Schuld daran trägt, daß es jene Verhältnisse gibt, gegen die zu revolieren grundsätzlich möglich und sinnvoll wäre. Nur ist die Sympathie der Mittleren und der Älteren keine Basis, kein Grund, nicht einmal ein schwankender; im besten Fall ein Seidenpapier, das jeder Hauch davonbläst. Und auch das wird nur ausgebreitet in der Hoffnung, die Jungen könnten die Verhältnisse zum Besseren wenden, während man selbst die Früchte solcher Besserung mühelos in den eigenen Korb pflückt.

Wahrhaft schlecht beraten und von vornherein zum Scheitern verurteilt sind die Jungen überall da, wo sie zulassen, daß die Unzufriedenheit der Älteren an sie delegiert wird. Denn was unterscheidet den Revolutionär vom tatenlosen Nörgler? Ohne Zweifel die unmittelbare Reaktion auf die Zeit. Revolutionärer Elan speist sich daraus, daß die Übersetzung der Zeitprobleme und die kompliziertere Rückübersetzung aus dem Alltag ins Grundsätzliche unterbleibt: das Grundsätzliche rückt an den Anfang. Und so lautet heute die Frage: Sind die Studenten, sind die jungen Menschen Exponenten einer bestimmten geschichtlichen Situation; haben sie diese klarer erfaßt oder auch nur empfunden, erkennen sie deren Gefahren besser als andere, wagen sie deshalb ihr Eigenes daran, immer geplagt von der Vision einer ohne ihr Eingreifen untergehenden Welt?

Um hier zu antworten, um hier zu entscheiden, ohne den Affekten zu erlauben, sich einzuschmuggeln, ist eine substantielle Aufnahme der jugendlichen Revolutionsinhalte unvermeidbar.

Hier haben wir der Studenten eigenes Haus, die Universität. Sie genügt den Erwartungen nicht, ihr Atem ist nicht mehr der Spiritus vitae, er gleicht eher dem asthmatischen Schnaufen eines verfetteten Mopses. Zu kleine Gebäude, überfüllte Hörsäle, saturierte Professoren, Numerus clausus, Schematisierung, Mechanisierung, Nichtgeltung des einzelnen, mangelnder Standard, mangelnde Auseinandersetzung mit den Fundamentalfragen, nicht nur der Disziplin, sondern auch mit dem Anteil, den sie am Leben hat. All das ist im Grunde darauf zurückführbar, daß aus der Universität ein Massenbetrieb geworden ist.

Alles hängt jetzt davon ab, ob hieran als Maß eine historische Vorstellung von der Universitas sinnvoll angelegt werden kann. Die Universitas, das ist die Gemeinschaft von Lehrenden und Lernenden, aber eine, die nicht von Zwecken, selbst nicht von denen des Lehrens und des Lernens zusammengehalten wird, sondern von Wertbegriffen. Zu jenen Werten, die als erstrebenswert, gültig, nach Verwirklichung drängend jenem Zusammenschluß, der Universitas, vorangestellt worden sind, trägt jeder das Seine bei, und danach, und nach nichts anderem, wird ihm gemessen. Danach bestimmt sich auch sein Rang, jener gerechte Rang, den jede Wertfrage impliziert. Das ist die Universität: eine unterscheidbare Gruppe, die nach Zielsetzung, Gehalt und Zusammenhalt das darstellt, wonach sich der Rang einer Epoche insgesamt bemißt: eine unumstrittene Elite.

Nur so, nicht anders ist Universitas möglich, das heißt aber für heute und jetzt: Eine solche Universitas ist nicht möglich. Sie ist nicht möglich in einer Gesellschaft der Masse, in einer Gesellschaft, deren Lebensgehalt proportional dem wirtschaftlichen Umsatz oder gar proportional dem „Wachstum" als befriedigend oder enttäuschend empfunden wird; sie ist nicht möglich in einer Gesellschaft der hemmungslosen Quantifizierungen. Eine Institution, die sich allein von ihren geistigen Zielen bestimmen läßt, wird, mögen diese noch so hoch sein, von unserer Gesellschaft dann nicht geduldet werden, wenn sie, die Institution, Geld kostet und wenn sie zudem noch nicht einmal gewillt ist, ihre praktische Brauchbarkeit für die

Geldgeber schlüssig zu beweisen. Brauchbarkeit aber nicht im Sinne des an sich Brauchbaren, des an sich Wissenswerten, sondern im Sinne des in einem spezifisch industriell geprägten Alltag Nutzbringenden. Die Unternehmer, jene hemdsärmeligen Parvenus und widergeistigen Erben von unverdient vielem Geld, sprechen offen aus, daß sie am akademischen Nachwuchs zu bemängeln haben, daß „die Bereitschaft, für ein gutes Gehalt auch intensiv zu arbeiten, gedämpft sei", daß die „Kenntnisse der wirtschaftlichen Zusammenhänge nicht genügten", daß „der Nachwuchs nach der Ausbildung hauptsächlich daran denke, eine Familie zu gründen und die Freizeit sinnvoll zu gestalten", statt, was offenbar gewünscht wird, Tag und Nacht die Produkte der Firma zu gestalten, um ihr zu ermöglichen, möglichst viele Filialen zu gründen.

So ärgerniserregend sich der Begriff des platten Zwecks hier wie ein Betonklotz in den Weg stellt und allen Ausblick nach oben versperrt, sosehr dieser Block exakt den Ort bezeichnet, an dem eine industrialisierte Massengesellschaft entgleist, so wenig läßt er sich dadurch dematerialisieren, daß man seine Existenz leugnet. Im Gegenteil, eine Neuformung, mag sie sich durch Revolten, Reformen, Verbesserungen oder einfach nur durch Änderungen anbahnen, ist nur möglich, nur praktisch möglich und auch nur in sich möglich, wenn sich darin zugleich ein Gesamtanliegen der Sozietät ausdrückt. So wäre die Universität also zweierlei: einmal eine Einrichtung, deren Zweck ein Höchstmaß an Forschung und reinem, von allen praktischen Bezügen losgelöstem Wissen wäre, motiviert ausschließlich von dem Drang, die Grenzmarke geistigen Eindringungsvermögens bis zum äußersten denkbaren Punkt vorzutragen. Zum zweiten wäre Universität ein Haus, das eine grundsolide Allgemeinbildung erweitert und vertieft und ein Höchstmaß an praktischen Kenntnissen, so wie sie für ein spezialistisches Tun notwendig sind, vermittelt. An einer Forschungsstätte gäbe es keine Studenten im heutigen Sinn, die praktische Bildungsstätte hingegen müßte in ihren Einrichtungen den Lernenden gemäß sein. Es verschlägt nichts, daß sie Grenzen hat, nur müßte die ungeheure Fülle der Möglichkeiten innerhalb dieser Grenzen auch wirklich ausschöpfbar sein. Nur eines geht nicht: die Kombination beider Einrichtungen. Sie ergäbe nichts als ein vergrößertes Diskontinuum der heutigen Universität, der es, und das bewirkt ja in der Tiefe das ganze Elend, so furchtbar schwerfällt, das ideelle Schielen nach der alten Universitas aufzugeben, nach jener Universitas, die nie mehr zustande kommen kann: nicht durch Worte und nicht durch Revolutionen, weil selbst höchste Ideale nicht beliebig und entgegen den Zeitläuften neu entflammbar sind.

Ein Wandel im Grundsätzlichen, ein Wandel, der für alle Gemäßheit und Gerechtigkeit bedeutete, das wäre wohl etwas, das sich mit Fug auf Fahnen schreiben ließe. Indes, hier müßten sich die Studenten als geschichtliche Generationenkontinuität verstehen, als eine Gemeinschaft, die über die eine Generation, die eben gerade studiert, hinausreicht, die auch nach Verlassen der Universität nicht im Desinteressement versinkt, die nicht studentische Interessen, sondern säkulare Interessen wahrnimmt und für deren Niederschlag im Bereich der Bildungsstätten bemüht ist und bleibt.

An diesem Punkt läßt sich die Vermutung, daß es übel um die Revolution der Jungen bestellt sei, nicht unterdrücken. Denn nichts, rein gar nichts spricht für die Annahme, die jungen Menschen stellten solche Grundsatzerwägungen an, alles rät von ihr ab. Die Revolutionsziele sind vielmehr subalterne Tagesziele von erschreckender Simplizität. Was die Studenten wollen, sind größere Gebäude, weniger Überfüllung, keinen Numerus clausus, mehr an finanzieller Unterstützung durch den Staat, größeres Ansehen in der Öffentlichkeit, erleichterte Prüfungsbedingungen – im Extrem auch die Abschaffungen aller Prüfungen überhaupt – und, die bedauernswerte derzeitige studentische Geistesverfassung über-, besser gesagt: unterkuppelnd, das Privileg, nur das zu hören, was sie hören wollen. Ohne Mühe läßt sich das in den von den Schlagworten „Mitbestimmung", „Mitverwaltung", „Mitspracherecht" umgrenzten geistigen Hohlräumen unterbringen, und die Genugtuung darüber, daß für Mißstände, für die bisher die Universitätsverwaltungen verantwortlich waren, nunmehr, bei durchgesetztem Mitverwaltungsrecht, auch die Studenten mitverantwortlich sein werden, gleicht der, die ein Passagier auf einem sinkenden Schiff empfinden mag, weil er vor der Abfahrt die Katastrophe bereits voraussah.

Im ureigensten Bereich, im eigenen Haus bereits, verfehlt sich die Revolution der Jungen, und sie verfehlt sich selbst radikal. Und die Unruhe der Jungen ist von der gleichen Art, wie die Unzufriedenheit der Älteren: beides stellt sich selbst dar, ohne ein eigentliches Bewußtsein seiner selbst zu entfalten.

Noch schärfer, wenngleich mit einer Schärfe ohne Glanz, tritt das hervor, wo es um Revolutionsinhalte außerhalb der Hochschule geht. Da sind die Erfolgreichen, die Satten, die, die sich etabliert haben. Sie haben sich zurechtgesetzt, haben sich miteinander verständigt und teilen sich in die Kommandostellen. Sie machen den Gesetzgeber, weil nur sie Einfluß auf die Aufstellung von Kandidaten bei den politischen Parteien haben, sie schieben sich die Industrieaufträge zu, sie sind reich, hochachten einander, führen Reden über eine freiheitliche Ordnung und tragen keinerlei abforderbare Verantwortung. Sie bestimmen nicht nur das Grundverhalten, sondern auch den Grund der Mentalität, das, was man heute öffentliche Meinung, früher „Weltanschauung" nannte, und sowohl das Bundesverfassungsgericht wie auch ein Polizist, der falsch geparkte Wagen mit Strafzetteln beklebt, nehmen darauf Bedacht. Sie verhindern erfolgreich, daß die Grundlagen unserer Gesellschaft und der Rolle, die sie selbst darin spielen, überdacht werden: ihre Entäußerungen in ihrer Gesamtheit sind eine um alle Mittel psychologischen Raffinements gemehrte Reklame für den von ihnen geschaffenen und aufrechterhaltenen Zustand und damit für sie selbst. So ist es nicht verwunderlich, daß der Ausgang einer Parlamentsdebatte bereits feststeht, noch bevor sie begonnen hat, das Wahlsystem und der Fraktionszwang sorgen dafür und auch, daß die politischen Parteien praktisch identisch sind, weil sie, alle von denselben Kräften abhängend, alle dasselbe wollen, wenn auch jeweils nur für sich. Eine echte Opposition ist hier nicht nur nicht vorhanden, sondern gar nicht denkbar, und die Machtballungen, die solcherart entstanden sind, die Oligarchien der Parteifunktionäre, lassen sich nicht anders bezeichnen denn als protrahiertes Attentat auf den personalen Lebensraum des Individuums. Wäre diese Sorte von Zeitgenossen nicht ohnehin kenntlich an der Verschweinerung ihrer Gesichter, die sie mit prostituiertenhafter Schamlosigkeit Tag und Nacht den Fernsehkameras hinhalten, sie wären doch auszumachen durch ihre Gemeinsamkeit mit einem Pfefferminzautomaten: beim Einwurf eines Geldstücks kommt die Minze heraus; auf ein Argument hin kommt eine festgelegte Phrase heraus. Und der besseren Handhabung halber sind Phrasen und Phrasenäußernde beliebig austauschbar, so wie Außenminister und Innenminister oder überhaupt Minister in einem Staat der Parteienobrigkeit.

Dem setzen nun die Revoltierenden ihre eigene Polemik entgegen, die sich aber weder dem Grade noch dem Niveau nach vorteilhaft von jener der Saturierten abhebt, sie ist lediglich sprachlich unbeholfener. Der gleiche Unernst ist spürbar, die gleichen Klischees sind wirksam, die gleichen Leerworte, nur eben mit umgekehrten Vorzeichen, verhindern eine Sichtung des Konkreten und verfehlen bereits jeglichen Ansatz für einen fundierten Standort. Es kann hier um Atomkraftwerke gestritten werden, von denen doch von allem Anfang an feststeht, daß ihr Bau nicht verhindert werden kann, wenn nicht das Bewußtsein, daß die durch sie erzeugte Energie, entgegen den Behauptungen der Industriellen Produktion, eben *nicht* vonnöten ist, allgemein wird; es kann darüber gestritten werden, ob die Medizin zu verstaatlichen sei, ohne daß dieser Streit mit der entscheidenden Frage auch nur von fern in Verbindung gebracht würde, mit der Frage nämlich, wie Gesundheit am besten erhalten oder wiederhergestellt werden kann. Es kann darüber gestritten werden, ob die Industrieverbände oder die Gewerkschaften die berechtigteren Forderungen stellen, ohne daß dabei die Frage auch nur berührt wird, wie solche dehumanisierten Gremien wie diese beiden auf das schnellste ersetzt werden können durch ein Organ, das nicht die Interessen von Gruppen und Verbänden, sondern die der Menschen vertritt. Solche Überlegungen müßten legitimerweise die brennendste Sorge einer revolutionären Jugend sein.

Doch davon ist nirgendwo etwas zu spüren. Die fortschreitende Einengung des Menschen, die zu seiner Destruierung als Einzelwesen führen muß, beunruhigt sie ernsthaft gar nicht, ja ihr wird nicht selten noch durch weitere einebnende Theoreme Vorschub geleistet. So gleicht die Revolution einem modernen Theaterstück, in dem mit voller Absicht stundenlang sinnloses Geschwätz dargeboten wird in der Hoffnung, der Zuschauer werde sich schließlich selbst über den Unsinn erbosen, nachdenklich werden und ihn auf eigene Faust durch einen Sinn ersetzen, oder, wie unlängst ein Psychoanalytiker, den man besser als Psychoparalytiker bezeichnete, in einer geistesmüden Paradoxie formulierte, er soll lernen, „das Undenkbare zu denken".

Und hier ist der Probierstein: Stolz verkünden viele Jungen: „Wir machen Revolution ohne Programm." Das ist die Revolution in Agonie, und wiederum in einer Agonie, die aufs Haar der entspricht, in der die Zeit insgesamt liegt.

Nun machen die Revoltierenden geltend, sie hätten noch nicht zu Ende gedacht, sie seien noch im vorpolitischen Raum. Daraus könne ihnen niemand einen Vorwurf machen. Nein, daraus nicht, aber die Freiheit von einem Vorwurf ist nicht imstande, die Feststellung zu verhindern, daß derjenige, der handelt, bevor er zu Ende denkt, vermutlich überhaupt nicht denken kann. Der gute Wille zählt nicht, er erhält erst Wert, wenn er zur gerichteten Erkenntnis hinzutritt, wenn er etwas in Bewegung setzt bei einem, der eben zu Ende gedacht hat. Bejaht man aber die Diskussion mit jungen

Menschen, dann darf das Argument „sie sind ja noch jung" nicht ins Spiel gebracht werden, dann muß vorausgesetzt werden eine gemeinsame Ebene der Geistigkeit, gemeinsam, unbeschadet des individuell verschiedenen Volumens. Weder Jugend noch Zusammenrottung kann dann aber vor der Aufdeckung von Infantilismen schützen, wenn anders nicht, und das geschieht heute fortlaufend und in der Regel, alle Diskussion zu einer zerredenden Spielerei wird, die sich in nichts von der unterscheidet, die etwa die politischen Parteien als eine Art Schutzwall aus Stroh vor sich aufgetürmt haben.

Der Probierstein bleibt ungeritzt von der Lanze der revoltierenden Jungen. So muß denn als letztes die Feuerprobe her. Wie weit leidet die Jugend unter dem Unrecht, das sich Menschen beständig gegenseitig zufügen, mit anderen Worten, wie steht es mit der humanen Durchdringungskraft der Jungen? Tatsächlich entscheidet sich hier alles, denn wer in Erkenntnis, Kritik und Tat das Menschliche verfehlt, verfehlt auch alles übrige.

In vielen Teilen der Welt ist Krieg, und die Jungen protestieren dagegen. In vielen Teilen der Welt, und auch in unserem eigenen Land, ereignen sich Scheußlichkeiten, die nur in Parallele mit denen des letzten Weltkrieges überhaupt vorstellbar sind, weil sie wieder den Abgrund des Menschlichen freilegen. Sind unsere Revolutionäre dagegen, grundsätzlich und unbeirrbar dagegen, daß Menschen entrechtet, entwürdigt, geschlagen, gefoltert, verbrannt und mit Stacheldraht erwürgt werden? Und das ist die unbemäntelte Wahrheit: Sie sind nicht *grundsätzlich* dagegen, sie sind nur jeweils gegen eine Seite. Sie identifizieren sich mit der anderen, sie schwingen deren Fahnen, brüllen deren Parolen.

Aber solche Identifikation, so als wäre der eine der Brave und der andere der Böse, ist nicht nur primitiv bis zum Exzeß, sie ist an und für sich überhaupt unvereinbar mit Geistigkeit. Mit solchem Schema arbeiten Schwachsinnige, Troglodyten oder Börsenjobber. Unsere Jungen aber sind weder Schwachsinnige noch Börsenjobber, sie meinen bloß nicht, was sie sagen.

Das zu erkennen heißt notgedrungen zu verneinen, daß unsere Jungen tatsächlich Exponenten einer bestimmten geschichtlichen Situation sind, zu verneinen, daß auf sie Zukunftshoffnungen humaner Natur projizierbar sind. Nicht weil Reformen veralteter Einrichtungen ausbleiben, nicht weil es eine Herrschaft der Funktionäre gibt, nicht weil es Kriege gibt, deren Beendigung weniger ein politischer als ein menschlicher Imperativ ist, nicht weil es eine Mißachtung des Geistes gibt, gegen die sich der Geist auflehnen muß, nicht deshalb revoltieren Studenten, sondern weil sich das gefahrlose Revoltieren als Ausdruck einer unanalysierten Unzufriedenheit selbständig gemacht hat und weil dadurch die Revoltierer die Möglichkeit haben, tobend all das abzureagieren, mit dem sich auseinanderzusetzen ihre geistige Kraft nicht ausreicht.

Deshalb sind auch alle Inhalte der Revolte lediglich vorgeschoben, ähnlich wie ein Radaubruder beim Betreten des Wirtshauses seine Gründe für eine Rauferei schon parat hat. Deshalb versuchen die Revoltierenden, so provokativ wie möglich zu wirken, und verlieren dabei nicht nur den realen, sondern auch jeden möglichen Sinn der Provokation völlig aus den Augen.

Solche Vorwände sind aber nur Eintragungen in ein Kraftfeld, das ebensogut ohne sie auskommen könnte; aufrechter als jemand, der von sich behauptet, er werfe Fenster ein, um die Gesellschaft aufzurütteln, ist auf alle Fälle einer, der das gleiche Tun ganz einfach damit begründet, daß er wütend ist. Der unreflektierte Affekt kann ihm menschlich zugute gehalten werden, nicht aber jene lügenhafte Paraphrasierung dem Weltverbesserer. Die mangelnde Originalität der Jungen drückt sich aber auch in den Methoden des Revoltierens aus. Deren Mediokrität bedarf, ja erlaubt gar nicht den Blick von einer hohen Warte. Es sind einfach Rückgriffe auf den Terrorismus totalitärer Systeme, begleitet von Phänomenen, wie sie nur als kollektive Affekteruption in der Horde auftreten: Verbrennung von Büchern, Umstürzen von Krankenwagen. Ja es fehlt noch nicht einmal an der historischen Rechtfertigung für diesen Terror, der, das sei nicht vergessen, durchaus nicht als Exzeß einzelner aufgefaßt werden kann: er sei notwendig im Interesse einer besseren und gerechteren Gesellschaft. Und nicht einmal die denkbar einfache Erkenntnis, daß nämlich Inhumanität in den Methoden genauso verwerflich ist, wenn sie sich gegen eine inhumane Konstellation richtet, wie wenn sie von dieser selbst praktiziert wird, stößt auch nur in die Latenz vor.

Das wird aber nicht nur durch das geschwächte Vermögen zur Reflexion einer Jugend, die in Wahrheit uralt ist, verhindert, es wird auch verhindert von jenen, die als Führer den Mechanismus der Revolte in die Hand bekommen haben. Denn diese Führer, politische Landsknechte, Beutemacher und Berufsaufständische, heißen Dynamik, mögen sie sie antreffen wo immer, hochwillkommen. „Wir lehnen die Toleranz ab, die dann repressiv wird, wenn man durch monatelange und jahrelange Arbeit bestimmte Erkenntnisse sich erarbeitet hat und jetzt diese Erkenntnisse nicht in die Praxis umsetzen kann." Jemand, der solches Geschwätz von sich gibt, wird nicht etwa ausgelacht und davongejagt. Daß ihm junge Menschen in kataleptischer Verzückung lauschen, daß er idolfähig wird, beweist ebenso die Tatsache wie das Ausmaß dessen, was sich von allen Dingen zuletzt und unter gar keinen Umständen bei jungen Revoltierenden vorfinden dürfte, nämlich der Manipulierbarkeit, gerade jener Manipulierbarkeit, unter deren angeblich unausstehlichem Druck sich die Studenten aus einem indolenten Zufallskollektiv der Immatrikulierten zu einer spezifischen Gruppe zusammengefunden haben wollen. Und wäre einer bösartig und suchte er mit Macht, womit er die Jungen verhöhnte, und suchte er in aller Welt, er fände doch nichts Wirksameres als das Bild einer dem Führer zujubelnden Studentenschar mit der von ihr selbst verfaßten Unterschrift: „Kritisch zu sein, das ist unser Beruf."

An der gesamten Revolte ist eines am bemerkenswertesten: ihr Mechanismus kann sich verselbständigen als Revolte, der Revolte halber, und das wiederum begünstigt das Hinwenden zu bereits formierten, programmierten und instrumental verwandten Gruppen. Kein Zufall, daß sich aus den studentischen Revoltierenden später auch jene Attentäter rekrutierten, die, von den allerwenigsten Menschen unserer Zeit auch nur einigermaßen zutreffend erkannt und erfaßt, verlegen als „Terroristen" oder „anarchistische Gewalttäter" benannt werden.

Im übrigen aber: Keine Jugend, die anfällig ist für Führer und Terrorismus, ist einer echten Auseinandersetzung mit der Gesellschaft fähig, weil sie in den gleichen Voraussetzungen befangen ist, die sie zu bekämpfen vorgibt.

Kein Silberstreif am Horizont, keine von der Jugend ausgehende und auf ihr ruhende Änderung ist in Sicht. Niemand, der unter den Einengungen der Epoche oder unter ihr selbst leidet, wird durch eine abgrenzbare, geschlossene, mächtige Gruppe befreit werden. Was zu tun ist, muß, so es überhaupt geschehen kann, getan werden unter der Voraussetzung, daß sich der Mensch in der kollektivsten aller Zeiten nichts von Kollektiven verspricht und in der Besonderung als Einsamer der Auseinandersetzung nicht ausweicht.

VII.

Der Jammer mit der Sexualität

Unter den typischen Zeitphänomenen ist eines besonders verbreitet, so daß es selbst dem auf Schritt und Tritt begegnet, der ihm gar nicht von sich aus nachspürt, der bereits übergenug davon hat, der sich davon gar belästigt fühlt und sich distanzieren möchte, dem dies aber nicht gelingt, weil er immer und überall darüber stolpert. Gemeint ist die Beschäftigung mit der menschlichen Geschlechtlichkeit, mit der Sexualität und den Problemen, die sie, wirklich oder vermeintlich, nach Art eines Kometenschweifes, anscheinend außer Reichweite menschlicher Arme, hinter sich herzieht.

Es scheint, als sei diese vitale Zentralkraft heutzutage für den Menschen weitaus schwieriger erfaßbar, weitaus unpräziser einordenbar, ja weitaus unvollkommener und selbst konflikthafter realisierbar als für andere Epochen. Nun könnte man zunächst vermuten, die mannigfachen Schädlichkeiten, denen die Zeitgenossen ausgesetzt sind, sparten eben auch ganz persönliche, im wahrsten Sinn intime Bereiche des Individuums nicht aus, weshalb selbst die Sexualität des Menschen in irgendeiner Weise Schaden gelitten habe und vom Menschen nicht mehr ohne weiteres so gehandhabt werden kann, daß, ohne grundlegende neue Unterweisung, kein neuer Schaden entsteht.

So einfach liegen die Dinge indes nicht. Bedenken wir, daß die menschliche Sexualität nicht nur ihrer Dynamik nach eine der größten, den Menschen bewegenden Kräfte ist, sondern daß sie überdies ein fundamentales, den Menschen konstituierendes Vermögen und zudem noch von Natur aus ein Instinkt ist – einer der beiden, die dem Menschen noch verblieben sind. Dies alles müßte ausreichen, um die Sexualität den Zeiteinflüssen zu entziehen, sie vor deren schädigenden Wirkungen zu sichern, mehr, sie eigentlich von vornherein gegen all das immun zu machen.

Bei näherem Hinsehen läßt sich denn auch zweierlei erkennen. Einmal, daß es weit weniger die Sexualität als solche ist, die den

Menschen unserer Zeit zu schaffen macht, als vielmehr die Stellung, die sie selbst zu ihr beziehen, und zum zweiten, daß sich in diesen Spalt der Unsicherheit das überdimensionale Stemmeisen vorgeblich erhellender und die Situation verbessernder Regulative mit einer Macht eingeschoben hat, die befürchten läßt, der ganze Bau möchte schließlich dadurch auseinandergesprengt werden.

Um es vorwegzunehmen: sehr viele Menschen transponieren ihre Lebensschwierigkeiten auf den Bereich der Sexualität, obwohl diese Schwierigkeiten ihrer Natur nach keine sexuellen sind, obwohl sie nicht auf sexuellem, sondern auf menschlichem Gebiet allein gelöst werden können. Wir sehen eine Gesellschaft in der Ratlosigkeit ihrer eigenen Mißbefriedigung schweben: Der Impuls nach Lebenserweiterung hat sie in die Luft gehoben, ohne ausgereicht zu haben, sie bis dorthin zu tragen, wo sich der Horizont wirklich weitet, die Schwerkraft des Erdhaften aber reicht zugleich nicht mehr aus, sie zumindest in jenen unteren, aber sicheren Bereichen zu verankern, deren Körperwesen nicht entraten können.

Das ist, man wird dies einräumen müssen, keine gute Position für das Neuerfassen einer Lebenskraft und für eine neue, andere, bessere Praxis. Und so sehen wir denn auch, daß die Menschen, einmal mehr, Rat und Zuflucht suchen bei einer Disziplin, die eigens dazu ins Leben gerufen scheint, um dem Unkritischen, dem Denkfaulen, dem Unsicheren und dem Verirrten jene Wegweisung zu erteilen und ihm jene Rezepte zu verraten, die er selbst zu erarbeiten sich so sehr außerstande fühlt. Diese Disziplin nennt sich selbst Sexualforschung, ihre Vertreter hören es gern, wenn man sie mit dem sprachlichen Horribilium „Sexologen" belegt.

Nun mutet das bloße Wort „Sexualforschung" nicht nur seltsam, sondern geradezu widersprüchlich an, denn es schließt die Frage in sich, was denn eigentlich erforscht werden soll. Die Vorgänge des menschlichen Geschlechtslebens sind in allen Einzelheiten bekannt, hier kann nichts mehr entdeckt werden. Im wissenschaftlichen, im religiösen, im sozialen, im künstlerischen Bereich wurde, und zwar von alters her, auch die menschliche Sexualität dargestellt, erörtert und bewertet. Auch ist die Vorstellung ungemein grotesk, der Mensch müßte sich in einem seiner wichtigsten, ursprünglichsten, vitalsten Daseinsbereiche erst theoretisch informieren, um dann erst sein innerstes Stück Leben nach einem Lehrbuch oder nach Forschungsresultaten praktisch zu leben.

Schlägt man nun dennoch ein solches Lehrbuch auf, so stößt man gleich zu Beginn auf etwas Überraschendes. Während es etwa einem

Physiker gar nicht in den Sinn kommen könnte, in einem Werk herauszustellen, er habe seine Untersuchungen auf die überall gültigen Maße und Gewichte, auf die überall gültigen Normen bezogen, so schlagen sich die „Sexualforscher" von allem Anfang an, ja vor allem Anfang mit den Normen herum.

Daß es überhaupt Normen der Sexualität gibt, wird bewirkt dadurch, daß sie sich nicht in der eigenen Person erschöpft, daß sie sich auf einen anderen Menschen richtet, dem gleichfalls alle Rechte des Personalen zukommen, daß ihr, als Trieb, eine Kraft innewohnt, die nicht nur beglücken, sondern auch verletzen kann, und daß sie als ein zu weiten Teilen vom Willensentschluß abhängiger Vollzug nicht nur geübt, sondern auch mißbraucht werden kann.

Ihrem Wesen nach ist die Sexualität eine Funktion der *Persönlichkeit*, doch wird es hilfreich sein, hier eine Norm voranzustellen, die zwar nicht von „Sexualforschern" zurechtgedrechselt wurde, die dafür aber dem Wesen der Sexualität unmittelbar und vollständig entspricht. Diese Norm liegt im Bereich des Körpers im Gebrauch der äußeren und inneren Geschlechtsorgane entsprechend ihrem Bau und ihrer Einrichtung, diese Norm liegt im seelischen Bereich in der erstrebten existentiellen Kommunikation, deren innerste Bezogenheit die Liebe ist *(Dembicki, 1954)*.

Als, und zwar bereits im 19. Jahrhundert, das normative Problem sich als dringend präsentierte, versuchte man, eine sexuelle Ordnung auf Wertbegriffe zu gründen, doch in einer Art, die sowohl die Tatsache außerhalb ließ, daß Triebe nicht von sich aus, nicht an und für sich und natürlicherweise identisch sind mit Werten, noch dazu mit solchen, die durch ihre Zeit in ein Kostüm gesteckt worden waren, als auch jene andere Tatsache, daß Menschen niemals ohne weiteres in der Lage sind, ihre vitalen Ansprüche einem Wert dann unterzuordnen, wenn dieser für den Anspruch überhaupt keinen oder einen wesentlich zu engen Raum darbietet. Deshalb war auch die sexuelle Ordnung des 19. Jahrhunderts weit weniger eine Ausrichtung auf die Werte hin als eine Kette von Postulaten und Wünschen.

Betrachten wir deren Inhalt. Da die Sexualität ausschließlich der Fortpflanzung zu dienen hatte, eine solche aber beim Kind nicht möglich ist, so galt es als ausgemacht, daß Kinder keinerlei Geschlechtlichkeit haben. Kindern mußte deshalb das ganze Gebiet verschlossen werden. Sie wurden nicht nur nicht aufgeklärt, man unterstellte ganz einfach ihre Interesselosigkeit an allen sexuellen Fragen.

Die Geschlechter sollten sich lediglich zum Zweck der Ehe zusammenfinden, doch das zu proklamieren erschien doch zu unzart; es hätte auch eine Nennung der Dinge beim Namen erfordert. Besser also, man sah die Ehe als Folge der Summe aller Gefühle für einen anderen Menschen, als Folge der Liebe an. Diese billigt man sowohl dem Jüngling als auch der Jungfrau zu, solange sie den Rahmen des Ästhetischen nicht sprengte und nicht zu gesellschaftlichen Mißhelligkeiten Anlaß bot.

Da man aber gleichwohl sehr gut wußte, „wie die Männer sind", konzedierte man manchen von ihnen, insbesondere Studenten und Offizieren, „gewisse Erfahrungen", vorausgesetzt, daß die zu deren Erwerb nötige Partnerin außerhalb der Gesellschaft war und blieb und nicht mehr Bedeutung erlangte als etwa die eines Toilettenartikels.

Das junge Mädchen war verbindlicherweise schwärmerisch, sanft und vor allem völlig ahnungslos. Die Verwandlung eines solchen Wesens in eine junge Frau war so einschneidend und peinlich, daß sie durch eine Hochzeitsreise verdeckt werden mußte. Lediglich die kalenderangepaßte Geburt eines Kindes konnte offen begrüßt werden, denn alles, was mit ehelichen Kindern zusammenhing, war frei von Sexualität.

Aus der Vorstellung vom Wert der Einehe folgerte man ein direktes Bedürfnis bei Mann und Frau nach der Einehe und weiterhin auch ein direktes inneres Bedürfnis nach bedingungsloser und ungeschwächt über alle Jahre hinweg anhaltender ehelicher Treue. Allerdings erlebte man es allzuoft, als daß man es hätte nicht zur Kenntnis nehmen müssen, daß letztere, insbesondere beim Mann, Anfechtungen ausgesetzt ist. Wenn er ihnen erliegt, dann hat der Mann das aber durch besondere Hinwendung zur Familie und durch ein feierliches Versprechen, beinhaltend ein künftiges Wohlverhalten, gutzumachen. Die Frau hingegen ist um die sehr wesentliche Erfahrung reicher, daß das Leben nicht nur Sonnenschein ist. Sie hat zu verzeihen und zu schweigen.

Die Zahl der Kinder in der Ehe darf nicht erörtert und schon gar nicht irgendwie beeinflußt werden; sie reguliert sich sowieso am besten „auf natürlicher Weise", und das führt auch in jedem Fall zum Besten der Familie, selbst wenn diese das nicht allsogleich einsieht.

Da ab einem gewissen Alter Fortpflanzung nicht mehr möglich ist, stellte man sich einfachheitshalber von da an den Sexualtrieb als erloschen vor. Wo das ausnahmsweise nicht der Fall sein sollte, hat man sich sittliche Hemmungen aufzuerlegen so lange, bis sie infolge des inzwischen erfolgten tatsächlichen Erlöschens entbehrlich werden.

Verfehlt sich eine Frau gegen die Ordnungen der Sittlichkeit, so beweist das ihren schlechten Charakter. Man soll sie verachten und hoffen, es möge ihr so ergehen wie Anna Karenina. Im übrigen gilt es aber, sein Leben so einzurichten, als gäbe es ganz einfach keine Unsittlichkeit.

Nun ist es freilich nicht so, daß das 19. Jahrhundert nicht gewußt hätte, daß dieses moralische System dauernd durchbrochen wird. Das Kind, das seine Eltern aufklärt, der junge Ehemann, der seufzend erklärt, schließlich gewöhne man sich doch daran, jeden Tag dasselbe Weib um sich zu haben, der ältere Ehemann, der seinem Dienstmädchen nachstellt und dabei mit seinem eigenen Sohn konkurriert, der Hausfreund, der unter eine Geweihsammlung die Bilder der von ihm betrogenen Ehemänner anbringen läßt, der Greis, der den Frühlingswind lobt, welcher die Röcke der jungen Mädchen in die Höhe hebt, sie alle waren eine unerschöpfliche Quelle für die satirischen Darstellungen ihrer Zeit.

Aber das 19. Jahrhundert glaubte felsenfest daran, der Mensch sei natürlicherweise, seinem Sein gemäß, im Innersten doch so beschaffen, wie ihn das System verlangte. Das 19. Jahrhundert verdrängte dabei völlig die entscheidende Frage, warum, wenn es tatsächlich so wäre, wenn Menschen, grob gesagt, tatsächlich so wären, wie sie sein sollten, es dann überhaupt eines sittlichen Systems bedurft hätte.

Je unlebbarer nun das System wurde, desto stärker wurde, unter anderem, die Spannung zwischen ihm und den Ansprüchen der Sexualität; eine Spannung, der der Mensch auf die Dauer unmöglich standhalten konnte: er wurde krank.

Sigmund Freud entdeckte, daß viele solche vordem für unheilbar gehaltenen Krankheiten etwas mit der Sexualität zu tun hatten. Man nennt sie heute „Neurosen", obwohl diese Bezeichnung sprachlich falsch ist, weil es sich nicht um neurologische Organerkrankungen handelt, sondern um Erkrankungen seelischer Art. Diese Krankheiten nun waren allerdings nicht selbst sexueller Natur, vielmehr ist es der Wahrheit halber erforderlich, sich ins Gedächtnis zu rufen, daß bereits Freud selbst dies *niemals* behauptet hat, sondern von Anfang an lehrte, daß die Neurosen einem *Konflikt* entstammen, und zwar einem Konflikt zwischen der menschlichen Geschlechtlichkeit und dem menschlichen Gewissen. Dieses hatte er aus systemtheoretischen Gründen, objektiv besehen, allerdings völlig unnützerweise, in „Über-Ich" umgetauft.

In einer ebenso sorgfältigen wie konzentrierten, über Jahre fortgeführten Forschung wurde dann eine Fülle von Strukturdetails der menschlichen Sexualität bekannt, und es ließ sich danach nicht mehr bestreiten, daß sehr viele, ja die meisten Menschen nicht nur nicht gemäß dem vorher etablierten System gelebt, sondern gerade das am häufigsten praktiziert hatten, dem man eine vorgebliche Nichtexistenz dekretiert hatte.

Aber Freuds Gedankengebäude, das er mißverständlich „Psychoanalyse" nannte und das etwas ganz anderes war als etwa nur die Technik der Neurosenbehandlung, hatte keine normenverändernde Kraft und entfaltet sie um so weniger, je entfernter eine Epoche zeitlich von Freud liegt. Zwar ließ sich der Freudschen Lehre entnehmen, daß eine Diskrepanz zwischen Triebansprüchen und sittlichen Normen wirklich besteht – also eigentlich etwas, das man im Grunde immer wußte –, doch im Hinblick auf die speziellen Normen des 19. Jahrhunderts verschlug das nicht allzuviel. Zuallererst lag das, historisch besehen, daran, daß Freud selbst die Ungleichheit zwischen Moral und Sexualität sofort wieder in ein theoretisches Absolutsystem faßte.

Freud meint, daß das eigentlich Wertvolle am Menschen dessen Vitalität sei. Jede kulturelle Leistung sei nur dann möglich, wenn sich einzelne und schließlich auch eine Gesamtheit im vitalen Bereich Hemmungen auferlegten, wenn sie einen Teil ihrer Sexualität opferten, die dadurch frei gewordene Energie umwandelten, sublimierten und anderen, eben kulturellen Zwecken zuleiteten. Hierdurch werde aber der Zwang, den Triebanspruch eines kulturellen Zieles halber unrealisiert zu lassen, unerträglich, und das schädige die menschliche Persönlichkeit so, daß keine noch so große Leistung, kein noch so hoher kultureller Wert es je aufwiegen könne. Diese verschrobene, an der Wirklichkeit völlig vorbeiweisende spekulative Erklügelung Freuds ist unter dem mit seinem Namen wie mit einem Markenzeichen verknüpften Begriff „Freudscher Kulturekel" bekanntgeworden und lieferte in der Folge auch das Brennmaterial für ein Feuer, an dem jeder sein antikulturelles Süppchen bis zur Verdampfung kochen konnte.

Wollte nun Freud die erfundene Polarität zwischen Sexualität und Kultur aufheben, so mußte er schleunigst eine andere Polarität erfinden, schleunigst, ehe jemand auf den Gedanken gekommen wäre, daß große Zeiten, daß überragende Kulturen niemals ihre Sexualität verdrängt hatten, daß im Gegenteil dort immer eine von schwachen oder gar zerbrechenden Epochen nie erreichte Harmonie von Trieb und Geist geradezu ein Signum war.

Freud erfand, auch dem Anspruch auf Symmetrie genügend, den sogenannten Todestrieb, die „Destrudo", und lehrte in seiner Schrift „Jenseits des Lustprinzips", daß diese Destrudo dem Menschen ebenso eigentümlich sei, wie der Drang zu einer Welt diesseits des Lustprinzips.

Während Freud wähnte, ein System zertrümmert zu haben, dessen Elemente Postulate und Wünsche waren, erschuf er ein anderes, in einem gewissen Sinn ebenfalls moralisches, in dem zwar die Sexualität eine völlig andere Rolle zu spielen gehabt hätte, dessen Elemente aber gleichfalls wieder nur aus Postulaten und Wünschen bestanden. Und deshalb gleicht die ganze Psychoanalyse am ehesten einem großen Warenhauskatalog, einer riesigen Bestandsaufnahme; die vielen spähenden Augen der Analytiker sind indes nur scharf für das, was direkt davorliegt, kurzsichtig für alle Verknüpfungen jenseits der Triebe und blind für alle Zuordnungen des menschlichen Seins. Die Psychoanalyse trug nach Kräften dazu bei, die Grundlagen zu zerstören, auf denen sie selbst ruhte: bald konnte es gar keinen Konflikt geben – und es kann ihn heute noch weniger geben –, den die Menschen in der von der Psychoanalyse gelehrten Weise hätten verdrängen und, rückwirkend, wieder verarbeiten können. Wo aber die Psychoanalyse heute beschworen wird, da bewirkt sie eine retrograde Metamorphose bestenfalls, eine rückwirkende Umwandlung so, daß zunächst ein Mensch wieder in die Normen des 19. Jahrhunderts eingepfercht werden müßte, zu keinem anderen Zweck, als ihn sodann schleunigst wieder daraus zu befreien. Das erinnert an die Praktik mancher Anglervereine, die gegen eine Gebühr die Erlaubnis erteilen, einen, zwei oder selbst drei Fische aus einem Betonbecken herauszuangeln, in das sie ausschließlich deshalb vorher hineingesetzt wurden. Das kann, je nach Anspruch, unterhaltlich, zeitvertreibend und für besonders anspruchslose Gemüter sogar spannend sein, doch übertragen auf die Psychoanalyse und die heutigen menschlichen Nöte, kann doch nur eindeutig festgestellt werden, daß durch alles Brimborium eben das Eine, Entscheidende völlig untangiert bleibt: die Not.

Es war aber nicht nur die theoretische und praktische Unbrauchbarkeit der Psychoanalyse, die Menschen veranlaßte, die Sexualforschung von einem anderen Zipfel her anzugehen, vielmehr bot sich für den industrialisierten Menschen geradezu an der Versuch, die Zahl, die Größe, die Gruppenzugehörigkeit (Branche) zum Rang des Kriteriums zu erheben.

Diese Auffassung schlug sich in extremer Weise in einem statistischen Versuch nieder, den der amerikanische Zoologe *Alfred C. Kinsey* anstellte. In seiner letzten Untersuchung ließ Kinsey, nachdem er vorher ähnliches mit Männern betrieben hatte, achttausend Frauen mit Hilfe einer besonders entwickelten Fragebogentechnik über alle, auch die kleinsten und detailliertesten Einzelheiten der Intimsphäre befragen.

Das Resultat, der sogenannte *Kinsey-Report*, erweckte Interesse, versank dann verdienterweise wieder, wird jedoch heute von neuem stets dann berufen, wenn man ein Kronzeugnis für vorgebliche Wertfreiheit und Exaktheit bei gleichzeitiger maximaler Quantifizierung benötigt.

Inhaltlich erfahren wir aus dem Kinsey-Report folgendes: Kinder spielen an ihren Genitalien und sind sexuell neugierig. Junge Männer, aber auch Mädchen befriedigen sich selbst, außerdem betreiben beide oft in Autos sexuelle Spiele. Junge Mädchen scheuen sich überdies nicht, sich bereits vor der Ehe einem Mann hinzugeben. Männer betrügen innerhalb der Ehe ihre Frauen, Frauen wiederum stehen auch nicht zurück und betrügen ihre Männer. Ehepaare lassen sich scheiden. Innerhalb der Ehe werden sexuelle Techniken geübt, die einer puritanischen Doktrin zuwiderlaufen. Alte Herrschaften sind sexuell noch interessiert. Manche Menschen, beispielsweise Lustmörder, betätigen sich sexuell auf eine Weise, die vom Herkömmlichen stark abweicht.

Nun, das ist nicht neu, und es ist sogar anzuzweifeln, ob es seinerzeit für Kinsey selbst neu war, doch die eigentliche sensationelle Wirkung in Amerika beruhte darauf, daß der Kinsey-Report alle erwähnten Tatbestände aufschlüsselt nach Alter, Berufsgruppe, Schulbildung, Religion und vielen anderen Gesichtspunkten und daß er sie, jeweils als einzelne „Handlungen" quantifiziert, in Prozenten ausdrückt. Dabei erhebt er den Anspruch, den alle Statistiker, insbesondere alle sogenannten Faktorenanalytiker, erheben, nämlich daß seine Umfrage das typische Verhalten der Gesamtbevölkerung aufdeckt.

Demgemäß ging ein Schrei durch ganz Amerika: „Aber doch nicht so viele!" Ein amerikanischer Senator verlangte kurzerhand, man solle die Verbreitung Kinseyscher Schriften verbieten, und raffte sich zu einer markigen Senatorenrede auf. Er sagte, Dr. Kinsey versündige sich an der Masse der amerikanischen Frauen (gemeint ist wohl „an der Mehrzahl"), indem er sie vorehelicher Sünden oder ehelicher Untreue zeiht, und leiste einen Beitrag zur Verderbtheit einer ganzen Generation, einen Beitrag zum Verlust des Glaubens an menschliche Würde und menschlichen Anstand. Der Kinsey-Report sei anstößig, unzüchtig und zu allem Überfluß auch noch obszön.

Nun, die Logik ist hier durch den Affekt zur Tür hinausgeworfen worden, was für einen Politiker nicht untypisch ist. Unterstellen wir der Einfachheit halber – ohne das allerdings auch nur im entferntesten einzuräumen – die Exaktheit des Kinseyschen Versuches. Wenn daraus ein größerer Prozentsatz von Ehebrüchen hervorgeht, als einem amerikanischen Senator behagt, so kann wahrhaftig der Kinsey nichts dafür. Dennoch ist aber der Kinsey-Report ein einziges Gemenge aus Irrtum und Irreführung.

Das liegt daran, daß die Denkvoraussetzungen Kinseys falsch sind. Unverblümt und direkt geht er auf die Normen los, doch nicht als Forscher, sondern als Attentäter. Mit dem größenwahnsinnigen Anspruch, wir hätten vor ihm von der menschlichen Sexualität so gut wie nichts gewußt und wären deshalb darauf angewiesen gewesen, was, Kinsey wörtlich, „alte Juristen, Theologen oder Mystiker vor zweitausend bis dreitausend Jahren sich vorgestellt haben", verbindet er die Forderung, die Normen nach dem tatsächlichen beobachtbaren, zwar nicht erforschten, aber gezählten Verhalten der Menschen auszurichten. Mit anderen Worten: so wie die Mehrzahl der Menschen sich sexuell verhalte, so sei es gut, richtig und zweckmäßig, und danach müßten in Zukunft die Maßstäbe gebildet werden.

Kinsey begreift nicht, daß die Sexualität nicht gleichbedeutend ist mit dem sexuellen Verhalten, daß aber auch dieses nicht einfach da ist, sondern daß es das Ergebnis eines sehr langwierigen, verwickelten und geheimnisvollen Prozesses ist: eine Resultierende aus menschlicher Dynamik und mannigfachen Einflüssen und Beeinträchtigungen, denen der Mensch biographisch ausgesetzt war und die er als Individuum verarbeitet hat.

Anders ausgedrückt: das Verhalten des Menschen ist innerhalb der Sexualität, ebenso wie in allen anderen Bereichen des Lebens, nicht *Ursprung*, sondern Folge einer Lebensweise. Wenn beispielsweise eine Ehefrau ihrem Mann untreu ist, weil er nie Zeit für sie hat, so könnte eben diese gleiche Frau untadelig mit ihrem Mann leben in einer Sozietät, die dem Mann genügend Zeit läßt. Ihr Verhalten ist dann nichts anderes als die Folge einer, in diesem Fall sozialen Schädigung. In *genau* der gleichen Weise wie dem 19. Jahrhundert entgeht Kinsey, daß sich Normen niemals vom Verhalten herleiten lassen, weil vom Verhalten abgeleitete Normen überflüssig schlechthin wären und auch schlechthin ungeeignet, das zu leisten, dessenthalben sie gesetzt werden, nämlich das Verhalten zu regulieren. Allein der Gedanke, es möchte in einer Gegend, wo der Scheckbetrug häufig vorkommt, der Scheckbetrug zur Norm erklärt werden, ist doch ganz absurd. Es wird den Schmerz eines Mädchens, das von seinem Bräutigam verlassen wurde, nicht dämpfen, wenn ihr Kinsey vorrechnet, soundso viel Prozent aller Mädchen befänden sich in der gleichen Lage.

Nicht nur daß wir aus den dicken Büchern Kinseys nicht das geringste über das *Wesen* der Geschlechtlichkeit erfahren, nicht nur daß wir keine einzige das Geschlechtsleben betreffende Tatsache erfahren, die nicht schon längst bekannt gewesen wäre, wir erfahren auch nichts von den Menschen, die sich im Kinsey-Report „sexuell verhalten". Wir erfahren nicht, warum die Sexualhandlungen dieser Menschen zustande kommen oder unterbleiben, wir erfahren nichts von der Bedeutung dieser Handlungen für den Handelnden, und wir wissen am Ende noch nicht einmal, welche Handlungen durch welche Persönlichkeiten bewirkt werden. Denn Kinsey zählt nur die Handlungen, er zählt die Handlungen als solche, losgelöst von den Personen. Bleiben aber die Zusammenhänge einer Handlung unbekannt, und zwar bei Kinsey absichtlich und grundsätzlich, so ist die Handlung selbst zum undeutbaren Sachverhalt geworden. Das Öffnen eines Safes besagt gar nichts; erst wenn wir wissen, wo der Safe steht, was er beinhaltet, wer ihn öffnet und zu welchem Zweck, wissen wir etwas über die Handlung.

Kinsey bezieht in seine Statistik auch die krankhafte Sexualität ein, ja man kann sich des Eindrucks schlecht erwehren, daß er dieser und keiner anderen Einbeziehung halber den ganzen Versuch überhaupt unternahm. Allerdings kennt er diesen Begriff nicht und ordnet das entsprechende „Verhalten" gleichartig unter die anderen Verhaltensweisen ein. Das ist nicht verwunderlich, denn wer nichts anderes tut als zählen, kann das, was er gezählt hat, nicht unter einen Begriff einordnen, weil ihm jegliches Kriterium fehlt. Das freilich heißt nicht, daß im Hinblick auf die Sexualität ein solches Kriterium nicht da ist, sondern nur, daß Kinsey nicht darüber verfügt. Er definiert die Sexualität als eine anatomisch-physiologische Reizmechanik und meint: „Die Art einer Geschlechtshandlung hängt von der Natur des Reizes ab, der das Individuum trifft, und von der körperlichen und physiologischen Fähigkeit des Individuums, diese Reize zu beantworten", und legt zudem noch Nachdruck auf das Zwanghafte, Unbeeinflußbare eines solchen Vorgangs. Doch diese Definition ist ein Unding. Es ist unmöglich, in der Geschlechtlichkeit des Menschen ein Stück Natur zu sehen, wenn man vorher den Begriff Natur in seiner Geltung auf anatomische und physiologische Phänomene einschränkt. Es ist lächerlich, bei einem, der mit dem Anspruch des Wissenschaftlers auftritt, aber ohne weiteres ein Zeichen eines unterentwickelten Denk- und Beobachtungsvermögens, zu behaupten, die vegetativ-körperliche Seite der Sexualität und nur sie sei die Geschlechtlichkeit und in ihr erschöpfe sich auch ihr Gesamt. Doppelt lächerlich, weil Kinsey hierin von jedem Jüngling, der sich gerade verliebt hat, glatt widerlegt wird. Die behauptete zwanghafte Abhängigkeit eines Lebewesens von einem Reiz hingegen ist glatte Ignoranz: Nicht nur beim Menschen, sondern nirgendwo, im gesamten Bereich des Lebendigen nirgendwo, gibt es eine solche Abhängigkeit.

Der Mensch unserer Tage bleibt durch Kinsey unbereichert, ganz ebenso wie er durch Freud nicht neu fundiert werden kann. Denn der Jammer unserer Tage ist ebendarin zu sehen, daß sich alle sogenannten Neuerungen, daß sich alle sogenannten Liberalisierungen, daß sich alle sogenannten Wandlungen in der Auffassung und in der Praxis stets und immer wieder, nur und ausnahmslos abheben nicht gegen Beeinträchtigungen durch unsere Zeit, sondern nach wie vor gegen das Normengefüge des 19. Jahrhunderts. Ja wer heute über Sexualität handelt, hat meist gar nichts Eiligeres zu tun, als dieses Gefüge einzuführen, um es dann – leichter Erfolg, billiger Effekt – zu widerlegen.

Doch die Menschen kranken heute nicht an den Problemen, die der Dualismus Moral-Trieb jenes des 19. Jahrhunderts bescherte, sie kranken weit eher an dem Bedürfnis, der Sexualität eine Ursächlichkeit für ihr reduziertes Lebensgefühl zu unterschieben in der unklaren Hoffnung, daß sich von der Sexualität aus, nach Art einer Reparatur, jenes wieder auf den erträumten Stand heben lassen werde.

Es hat nichts primär mit der Sexualität zu tun, wenn eine Ehefrau ihren Mann Tag für Tag anspornt, beruflich etwas zu leisten, damit sie sich möglichst viele ihrer Wünsche erfüllen kann, und sich dann über ihn, den abgetriebenen, gedemütigten, verbrauchten Zugochsen, beschwert als zärtlichkeitsarmen Eheroutinier und seine ungenügenden Qualitäten als Liebhaber bemault. Es hat nichts mit der Sexualität zu tun, wenn ein junger Mann, der aus Bequemlichkeit eine echte Bindung scheut, dies vor sich selbst damit begründet, er habe bisher bei keiner Partnerin eine wirkliche Befriedigung erlebt.

Es hat nichts mit Sexualität zu tun, wenn sich jemand einreden läßt, in einer Zeit allgemeiner Leistungssteigerung müsse sich auch die Sexualität quantitativ steigern, und wenn derselbe Mensch als Folge einer verfehlten Bewußtseins- und Willenshinwendung eine Abnahme seiner sexuellen Potenz erfährt, ebensowenig wie es mit Sexualität zu tun hat, wenn sich eine Frau – am ehesten in Amerika – einreden läßt, eine Frau, die einen echten Orgasmus erlebe, sei mindestens drei Minuten bewußtlos, und nun, weil sie dies ständig erwartet, unfähig wird, selbst jene Höhepunkte in der Umarmung zu erleben, die zu erleben sie bisher gewohnt war. Es hat schließlich nichts mit Sexualität primär zu tun, wenn sich jemand zu einer Handlung zwingt lediglich aus der Angst heraus, er könnte in den Augen der anderen als weniger wert oder weniger tüchtig dastehen, wenn sich also beispielsweise ein Mädchen entgegen seinen ursprünglichen Gefühlen einem Mann hingibt, den es nicht leiden kann, oder wenn ein Mann, nur weil er Angst hat, es könnte ihm etwas entgehen, er könnte etwas versäumen, am ,,Gruppensex" teilnimmt, obwohl er gar kein Verlangen danach hat. Daß die bloße Existenz dessen, was man Pornographie nennt, ein Armutszeugnis nicht so sehr für die Moral als für die Erlebnisfähigkeit ist, daß ihre Konsumenten keine weltgewandten, zügellosen Lüstlinge, sondern schiefe, gequetschte Beschränkte sind, die, ähnlich einem pubertierenden Jungen, durch das Astloch einer Umkleidekabine im Schwimmbad starren, sei nur nebenbei erwähnt.

Nein, nicht so sehr die Sexualität, die Persönlichkeit der Menschen ist geschädigt, und so geschieht es, daß die Sexualität aufhört, eine Persönlichkeitsfunktion zu sein, und der Mensch selbst statt dessen beginnt, ein erbarmenswürdiger Funktionär einer fetischistisch herausgeputzten Sexualität zu werden. Wir leben in einer Gesellschaft, in welcher Mutationen im Sinne unnatürlicher Kümmerformen entstehen: nicht die Sexualität, aber die Liebesfähigkeit ist ernstlich bedroht.

Es ist endgültig klar, daß es deshalb auch keine isolierte Sexualforschung geben kann: selbst der hundertäugige Argus bliebe kurzsichtig, wenn sämtliche dieser Augen nur auf sexuelle Tatbestände oder Sachverhalte gerichtet blieben statt auf die Zuordnung im Menschen, statt auf die Einwirkungen, denen der Mensch als Wesen ausgesetzt ist und die sich in seiner Geschlechtlichkeit kundtun, statt der Impulse, die von ihm infolge seiner Geschlechtlichkeit ausgehen. Die Arbeit, das Gefüge der menschlichen Sexualität zusammen mit dem menschlichen und gesellschaftlichen Gefüge selbst zu untersuchen, kann deshalb nur von einer Lehre vom Menschen geleistet werden. In ihr wird die Geschlechtlichkeit, entsprechend ihrem hohen Rang, einen wesentlichen Platz einnehmen, sich aber niemals vom Menschen als einem Gesamt lösen; und zu neuen Tafeln werden stets nur die etwas beitragen, die innerhalb einer Sexualforschung zugleich Menschenforscher sind. Es ist nicht abzusehen, wann eine solche Entwicklung gesellschaftsbestimmend werden wird; mehr als allererste Ansätze sind heute noch nicht vorhanden. Doch läßt sich für Menschen in Not bereits heute die klare Konsequenz ziehen, daß sie Zuflucht nicht suchen dürfen bei einer Sexualforschung, sondern Hilfe nur finden können bei jenen Instanzen, bei denen das Wissen um den Menschen als Folge von Tradition und unablässiger Bemühung so fest beheimatet ist, wie es auch heute schon erwartet werden kann.

VIII.

Der Verlust der Standfestigkeit –
die Krankheit und ihre unzureichende Bewältigung

Alles Lebendige ist in steter Bewegung, und alle Lebewesen sind wandelbar, und zwar um so mehr, je höher sie stehen. Tatsächlich sehen wir beim Menschen eine staunenerregende Fähigkeit, sich den mannigfachsten Widrigkeiten, die die Natur für ihn bereitgehalten hat und weiterhin bereithält, anzupassen und in diese Anpassung auch noch jene einem ungestörten Lebensablauf entgegenstehenden Faktoren einzubeziehen, die aus einer vorgegebenen, ja sogar die, die aus einer selbstgeschaffenen Umwelt stammen.

Diese Fähigkeit zur Anpassung erstreckt sich gleichermaßen auf grobe physikalische wie auf sehr viel verwickeltere, feinere, innere Schädlichkeiten und überspannt als Brücke auch sehr tiefe Schluchten. Daher vielleicht leitet sich einer der kardinalen Wunschträume des heutigen Menschen ab, seine Anpassungsfähigkeit möchte, zumindest praktisch, grenzenlos sein, es möchte möglich sein, durch geeignete Praktiken, am besten rein technischer Art, ihn an alles schlechthin anzupassen, so daß er nicht nur zum beliebig transformablen Lebewesen in jeder Beziehung würde, sondern zur einzigen Konstante des Lebendigen überhaupt: ein Wesen, dem nunmehr Schädlichkeiten überhaupt nichts mehr anzuhaben vermögen.

Dieser Wunsch, der nicht etwa eine gedankliche Spielerei ist, sondern sich im Verhalten und in der Einstellung, in den Äußerungen und in der Art der Begegnung mit Schädlichkeiten beim Zeitgenossen kaum jemals vermissen läßt, als keineswegs metaphorische, sondern real eingenommene Position ist, trotz aller Heftigkeit, mit dem er beschworen wird, trotz allem affektiven Aufwand, mit dem versucht wird, ihn festzuhalten, imaginär, mehr noch, er steht in einem eklatanten, grundsätzlichen und nicht nur heute nicht, sondern niemals zu behebenden Widerspruch zur Wirklichkeit.

Es gilt und wird immer gelten, daß dem Lebendigen, eben weil es lebendig ist, Grenzen gesetzt sind. Übersteigt die Summe aller Schädigungen das Maß der Fähigkeit zur Anpassung, so kann ein ungestörter Fluß des Lebens nicht mehr sein: diesen Zustand der Instabilität benennt man, meist zugleich mit den konkreten Merkmalen der Störung, als Krankheit.

Bereits von hier aus wird zu erwarten sein, daß die Krankheit, allgemein gesprochen, um so eher in Beziehung zu den Besonderheiten einer bestimmten Zeit stehen wird, als unsere eigene ein Knotenpunkt innerhalb der menschlichen Entwicklung ist.

Das beginnt bei den äußeren Lebensbedingungen. Es gibt sehr viel mehr Menschen als früher, es entsteht das Phänomen der Überfüllung *(Ortega y Gasset)*. Enge schafft Reibung. Der Lärm nimmt zu und schafft eine Dauerbelastung, die weit weniger akustischer als emotionaler Natur ist; eine ständige, erhöhte Reizbarkeit im Untergrund. Die Verschlechterung der Luft, die Verpestung der Gewässer, die chemische Frisur aller unserer Nahrungsmittel stören intensiv den biologischen Rhythmus. Die Industrialisierung – wir wissen dies bereits – bewirkt unheilvolle Strukturverschiebungen, schafft ein Fehlverständnis für das, was man Wohlstand nennt, und führt das Prinzip der Gewinnmaximierung ein, ohne zugleich Fülle und Mannigfaltigkeit des Lebens steigern zu können. Im Gegenteil, es kommt zu Verarmungen, Einengungen, Disharmonien, und Klischees rücken an die Stelle echter Ziele.

Allein die übermäßigen emotionalen Spannungen müssen hier einen krankmachenden Grad nahezu unvermeidbar erreichen, und ob sie ihn im konkreten Fall erreichen, hängt lediglich davon ab, wie weit ein Mensch sich tatsächlich diesen Maximen verschrieben hat oder, von ihnen überwältigt, sich nicht mehr von ihnen befreien kann.

Es ist nun aber heute nicht so, daß diese krankheitsdisponierenden Faktoren seelische Ausnahmezustände nach Art einer Neurose bewirken. Das macht, die Voraussetzung der Neurose, nämlich der Konflikt zwischen einem Anspruch und einer als verbindlich empfundenen sittlichen Ordnung, fehlt weitgehend, weil die Menschen unserer Zeit meist außerstande sind, überhaupt zu erkennen, daß in allen Schädlichkeiten, die ihnen unmittelbar oder mittelbar durch die Industrielle Produktion zugefügt werden, eine Wertfrage steckt. Deshalb wird der Prozeß der Krankheit in eine biologisch untere Schicht verlagert und manifestiert sich dort eben als körperhafte, oft sogar mit anatomisch-pathologischen, stets aber mit physiologisch-funktionalen Störungen einhergehende massive Erkrankung.

Ein vierzigjähriger Ingenieur liegt im Bett und grübelt über sein Mißgeschick. Ab nächster Woche hätte er im Ausland ein großes

Bauprojekt für seine Firma leiten sollen, von dessen Gelingen seine Aufnahme in den Vorstand abgehangen hätte. Vor fünf Jahren hatte er schon einmal an einem rheumatischen Schub gelitten. Damals hatte man sogenannte Rheumafaktoren im Blut gefunden, außerdem mehrere in den Zahnwurzeln lokalisierte Rheumaherde. Diese Befunde fehlten diesmal; es konnte lediglich eine starke Verspannung der Muskulatur festgestellt werden und eben die Schmerzen, die zur Bettruhe zwangen.

Dieser Ingenieur war zum zweitenmal verheiratet und hatte aus der ersten Ehe keines, aus der zweiten jedoch zwei Kinder. Seine jetzige Frau war erheblich jünger, ehrgeizig und anspruchsvoll. Nicht etwa als wäre die Ehe unharmonisch gewesen, beileibe nicht. Es gab keinen Streit, und die Ansprüche wurden nie in Worten präzisiert, sie waren lediglich im Untergrund da. Unser Ingenieur war seinem Beruf sehr zugetan, und seine Abneigung gegen eine Büroarbeit war groß. Überdies verabscheute er von ganzem Herzen ein Mitglied jenes Vorstandes, in den er selbst möglicherweise hätte einrücken müssen, und befürchtete Reibereien und Unzuträglichkeiten. Er befand sich also in einer zwiespältigen Situation.

Diese hat nun freilich die Erkrankung nicht in einer geradlinigen Weise verursacht, indes war der Zustand aber doch mitbewirkt und vor allem unterhalten durch einen starken emotionalen Faktor, das heißt eine übermäßige Dauerspannung des Gemüts. Durch die rheumatische Vorerkrankung hatte eine Verschiebung der physiologischen Norm stattgefunden und hatte eine Bahnung bewirkt, hatte gewissermaßen den emotionalen Faktoren als einer Schädlichkeit den Weg in jenen Bereich des zentralen Nervensystems freigegeben, der verantwortlich ist für den Spannungszustand der Muskulatur und die Schmerzempfindung.

Krankheiten dieser Art wurden früher mit Vorliebe als „Managerkrankheiten" bezeichnet, und auch heute noch kann man dieses Wort hören. Indes hat dies keine Berechtigung. Es handelt sich hier nämlich nicht um eine bestimmte Art von Krankheiten noch dazu etwa gar, wie man sich das vorgestellt hat, um solche, die zugleich mit der Zurückführung auf einen primitivisierten Sachverhalt behoben werden könnten. In allen Krankheiten stak seit je, auch früher, und überhaupt seit es Menschen gibt, der emotionale Faktor, nur daß er nicht jenen Stellenwert erreichte wie heute, das heißt jenen Grad der Schädlichkeit entfaltete, der das Anpassungsvermögen übersteigt. Konsequenterweise sehen wir, daß der wirkliche Manager, der, der die Fäden in der Hand hält, der an drei Orten zugleich ist und fünf Ferngespräche auf einmal führt, der Konferenzen abhält, um durch Preisabsprachen das Kartellamt möglichst elegant übers Ohr zu hauen, und der der Kommission zur Verschlechterung der Qualität der Produktion angehört, niemals erkrankt. Er erfreut sich einer gußeisernen Emotionalität und hat sie mit den ihm auf das genaueste entsprechenden Inhalten bis an den Rand angefüllt. Daß seine Persönlichkeit irreversibel verkümmert ist, schiert ihn nicht, und er würde Erklärungen, die darauf zielen, noch nicht einmal verstehen können, wenn er, was er nicht tut, weil er das für Zeitvergeudung hält, sich noch so ernsthaft darum bemühte; er ist völlig im Einklang mit *seinen* Zielen.

Der Manager ist allerdings darin nur der Extremfall, denn im Prinzip ist niemand, kein Mensch in unserer Zeit, wenn er krank wird, bereit, einzuräumen, es könnten bei ihm Zeitfaktoren, Zeitprägungen eine Rolle spielen. Er wird sie als solche anerkennen, er wird entsprechende Artikel sogar mit Interesse in den Illustrierten verfolgen, wenn er anders die Zeit beim Friseur oder in einem Warteraum nicht überbrücken kann, doch für sich selbst wird er in jedem Fall ausgenommen zu werden fordern, wird nachweisen, daß er eben gerade nicht an Klischees verhaftet ist, daß er wirklich nur das getan hat, was eben beruflich notwendig ist, was durch die knappe Notwendigkeit beruflichen Vorwärtskommens geboten war und – vor allem – was jeder ordentliche und fleißige Mensch eben ohnedies tut. Die der Krankheit innewohnende Autonomie, die zwar stets da ist, in der sich der Ablauf und der Zustand des Krankseins indes niemals erschöpft, wird von ihm absolut gesetzt und mit großer Heftigkeit ins Treffen geführt werden.

Wir können uns nirgendwo so umfassende Auskunft über die wesentliche Frage, was für eine Gemeinvorstellung von der Krankheit den Standort des einzelnen bestimmt, dadurch verschaffen als durch eine Analyse der Beziehung, so wie sie die Menschen unserer Zeit zu jenem Repräsentanten einer unterstellten Schlüsselgewalt über die Frage „Krank oder gesund?" herstellen, nämlich dem Arzt.

Zweck und Vorgang der Heilung setzen als Gemeinsames das Verhältnis zwischen Arzt und Patient: nicht als lineare Funktion, sondern als Begegnung vor einem sphärisch umgreifenden Hintergrund. Transparent für das Personale, reflektiert er als Grenze Dynamik und Polarität der Begegnenden als Typen. Der Raum, in welchem ein bestimmter Arzt einem Patienten begegnet, ist stets erfüllt von den Projektionen des Patienten auf einen Arzt schlechthin. Denn im Patienten konkretisiert sich die Summe aller in einer Zeit und in einer Gesellschaft verbindlichen Vorstellungen vom Wesen eines Arztes. Sie bestimmt das Verhalten in jeder einzelnen Phase der Begegnung.

Ein Arzt bedarf des Wissens. Wissen zu erwerben ist beglückend und schmerzhaft in einem. Wissen ist niemals einfach Zuwachs, sondern Wandlung innerer Strukturen, ein Umbau des geistigen Gefüges. Wissen erweitert qualvoll den geistigen Bereich des Fragens; ein Prozeß, der nicht ruht, weil die erkennende Kraft in Richtung des zentrifugierenden Objektes zielt in der Intention, es zu überholen, und mit der unabwendbaren Bestimmung, dahinter zurückzubleiben. Deshalb entzieht Wissen als Progression der Persönlichkeit die freie Verfügung über die Lebensenergie. Der Student, der hungrig über den Büchern sitzt, und der Gelehrte, der im Alltag hilflos ist wie ein Kind, sind nur Metaphern für das Gesetz, das jedem Wissenserwerb innewohnt.

In der Projektion des Patienten stellt sich allerdings Wissen nicht als Ergebnis eines geistigen Vollzugs dar, sondern als Folge eines Vorgangs, dem sich ein Mensch, der Arzt, zu einem konkreten Berufszweck unterzogen hat: der Ausbildung. Dieses fürchterliche Wort hat in einer industrialisierten Sozietät schimmelpilzartig alles überzogen und ungenießbar gemacht. Nicht von ungefähr entstammt es einem militärischen Jargon.

Verschiedene besondere Verrichtungen erforderten, ohne an mehr als durchschnittliche und allgemeine Voraussetzungen der Person gebunden zu sein, eine Art von Kenntnissen, die nicht erworben zu werden brauchten, sondern mitgeteilt werden konnten. Lernte jemand, mit einer Kanone zu zielen, eine Morsetaste zu bedienen oder beschädigte Waffen instand zu setzen, so war er als Richtkanonier, als Funker oder als Waffenmeister ausgebildet. In seiner heutigen unkritischen Bedeutung meint das Wort „Ausbildung", daß der dem Ablauf Unterworfene durch den Ablauf selbst, in den man verschwommen so etwas wie eine „Magie des schwarzen Kastens" hineinsieht, mit dem Rüstzeug für ein bestimmtes Tun versehen wird. Dementsprechend kann einer als Jurist, als Künstler, als Textilfachmann ebenso ausgebildet werden wie als Mannequin, als Buchhalter oder als Tankwart. Nur vor dem, was in unserer Gesellschaft, idolartig glänzend, als wahrhaft überragend empfunden wird, zerschmilzt das Wort: eine Ausbildung zum Filmstar oder zum Top-Callgirl, zum Kernphysiker oder zum Ministerpräsidenten gibt es bis jetzt noch nicht.

Der Unterschied zwischen Arzt und Nichtarzt gründet aber im

wesentlichen darauf, daß der Arzt ausgebildet ist; eine Tatsache von solcher Relevanz, daß die Krankenkassen das Vertrauen zum Arzt unter ausdrücklichem Hinweis auf seine Ausbildung verbreitern wollen: „Vertraue deinem Arzt, er hat, bevor er zur Kassenpraxis zugelassen wurde, eine lange und sorgsame Ausbildung durchgemacht", heißt es in einem Appell an die Kranken, der meist in den Wartezimmern ausgehängt ist.

Wenn Wissen nichts ist als die Folge der Ausbildung, dann wird logischerweise das Wissen des Arztes mit dem Wissen des Patienten grundsätzlich vergleichbar und unterscheidet sich nur dem Grade nach. Die Quellen des Patienten sind populäre Handbücher der Medizin, Gesundheitslexika, sensationelle Berichte in den Zeitschriften, belehrende Berichte in den diversen Digests, Erlebnisberichte von Nachbarn und schließlich Interpretationen von Beobachtungen, die der Kranke selbst früher gemacht zu haben glaubt. Etwa: „Fortecillin dürfen Sie nicht verschreiben, alles, was mit ‚forte' zusammenhängt, kann ich nicht vertragen", „Mein Körper braucht dringend Vitamine, ich habe gedacht, einmal ‚Multibionta'" und „Schreiben Sie doch mal dieses neue Mittel auf, wie es heißt, habe ich vergessen, aber das werden Sie ja besser wissen". Solche Sätze sind nichts anderes als Formungen durch die Vorstellung von der grundsätzlichen Zugänglichkeit dessen, was dem Inhalt nach die „ärztliche Ausbildung" ausmacht.

Der Wille des Arztes, dem Kranken zu helfen, ist grundsätzlicher Art und frei von einem Vorbehalt. Bereits die behauptete Hilfsbedürftigkeit löst die Bereitschaft des Arztes als Ganzes aus. Ärztliche Vorbehaltlosigkeit meint, daß alles Persönliche des Arztes ausgeschlossen bleibt; ein Vorteil im Sinne eines Nutzens ebenso wie ein Werturteil als Bezogenheit der Handlung. Weder darf persönliche Beeinträchtigung des Arztes, wie Übermüdung, Unbequemlichkeit, eigene Sorge, auf das ärztliche Helfen zurückwirken, noch darf ein Schaden, den der Kranke infolge seiner charakterlichen Mängel genommen hat, für die Art oder den Umfang der Hilfeleistung etwas anderes bedeuten als eine unverschuldete Krankheit. Im Interesse eines Wertes, im Interesse der Gesundheit, dient der Arzt dem Kranken als dem personifizierten Menschlich-Lebendigen, in welchem allein sich dieser Wert verwirklichen kann.

In der Projektion des Patienten wird der Arzt von einem Dienenden zum persönlichen Diener eines Menschen, nicht im Hinblick auf ein bestimmtes, anvertrautes Gut, die Gesundheit, sondern zum Diener schlechthin. Das Wohlergehen im weitesten Sinn, ja in seiner egozentrischsten Verkehrung wird dem Arzt als verpflichtende Sorge unterschoben. Deshalb wird er der Zumutung ausgesetzt, unwahre Atteste abzugeben, kraft des in ihn gesetzten Vertrauens Vorteile bei den Behörden für den Kranken herauszuschlagen, ihnen etwa eine Rente zuzuschanzen, zu deren Bezug sie objektiv nicht berechtigt wären, ja selbst das gemeine Wohl beiseite zu stellen und beispielsweise dafür zu sorgen, daß einem Epileptiker, der wiederholt Autounfälle verursacht hat, die Fahrerlaubnis nicht entzogen wird.

Hier setzt auch die Saloppheit und eine sich gehenlassende Taktlosigkeit an. Die Frau mit Lockenwicklern im Haar geht in dieser Aufmachung „nur zum Arzt"; der Mann, der dem Arzt burschikos erklärt, ihm sei es lieber, wenn er das ganze Jahr keinen Arzt sehe, oder man solle mit Ärzten am besten nichts zu tun haben, erwartet eifrigen Widerspruch oder ein serviles Lächeln.

Vom dienenden Arzt wird eine unermüdliche, bis zum letzten Grenzpfahl des Altruismus vorstoßende Beteiligung des Gemüts nicht nur erwartet, sondern vorausgesetzt. Zu einer Behandlung, die nur im geringsten belästigend ist, will der Kranke behutsam und umwerbend überredet werden. Das Problem ist in die Literatur eingegangen: der Arzt, der um die Einwilligung zu einer gesundheitsrettenden Operation mit dem Patienten – und dessen Angehörigen vor allem – Wortduelle und Kämpfe austrägt und dem Kranken selbst gegen dessen Willen dient und das größte persönliche Risiko willig und ohne Zaudern auf sich nimmt. Diese Projektion hat übrigens ihre Entsprechung in der rechtlichen Auffassung von der ärztlichen Aufklärungspflicht. Es genügt nicht, daß ein Arzt den Kranken aufklärt, er muß dies auch „in ausreichendem Umfang" und vor allem „genügend eindringlich" tun und haftet, wenn er auch nur im leisesten den Umfang der Aufklärungspflicht verfehlt hat, selbst dann, wenn die Behandlung als solche untadelig und nach allen Regeln ärztlicher Kunst erfolgt.

Die Vorstellung vom Arzt als Diener tendiert aber auch dazu, sich zu objektivieren. Wiederum schlägt sich dies rechtlich nieder. Der § 613 des Bürgerlichen Gesetzbuches, der sich ohne weiteres auch auf die Tätigkeit des Arztes erstreckt, besagt: „Der zur Dienstleistung Verpflichtete hat die Dienste im Zweifel in Person zu leisten." Ein Kranker könnte deshalb verlangen, daß ein Arzt, auch in einer Klinik, alle jene Verrichtungen, die üblicherweise dem Hilfspersonal überlassen werden, wie Blutentnahme aus dem Ohrläppchen, Verabfolgung von Injektionen und vieles andere mehr, selbst vornimmt.

Dies geschieht praktisch nicht, doch als Ausdruck einer Auffassung ist es bedeutsam.

Dem Arzt als Diener gegenüber bleibt der Patient souverän. Er kann die Behandlung ganz oder teilweise veranlassen, ablehnen oder steuern. „Wenn ich diese Schmerzen habe, muß gleich mein Arzt kommen und mir eine Spritze machen." Eine Behandlung des Grundleidens wird abgelehnt: „Wenn ich etwas brauche, rufe ich Sie schon."

Durch den Umfang der Dienstleistungen wird der Arzt sogar qualitativ einschätzbar. Weigert er sich, eine Serie überflüssiger Injektionen über Wochen hinweg zu verabreichen, so gilt dies leicht als Zeichen mangelnden Interesses oder gar als Zeichen der Faulheit. Es ist ausgemacht, daß sich ein zur Dienstleistung Verpflichteter aufreiben soll; beim Arzt wird dies obendrein mit der größten Selbstverständlichkeit begründet durch die „Besonderheiten des ärztlichen Berufes". Der Herzinfarkt des Arztes wird deshalb zu einem als gemäß anerkannten Lebensabschluß. Im persönlichen Bedauern schwingt eine unpersönliche Befriedigung, ein posthumes Schulterklopfen mit: „Er war eben zu tüchtig", „Er hat aber auch eine große Praxis gehabt." Er, der Arzt, ist nicht das tragische Opfer einer ihm von allen Seiten und nicht zuletzt von der Projektion aufgezwungenen ruinierenden Daseinsweise, sondern einer, dessen Ende proportioniert mit seiner Aufgabe zusammenhängt; am besten also, er fällt in der Erfüllung seiner Pflichten.

Viele einzelne Inanspruchnahmen des Arztes beziehen ihre Rechtfertigung aus seinem Dienertum. Der Kranke, der spät abends den Arzt kommen läßt, um ein Formular unterschreiben zu lassen, weil nachmittags in der Sprechstunde zuviel Leute dagewesen sind und die Wartezeit beträchtlich gewesen wäre; der Patient, der am Sonntag ambulant behandelt werden will, „weil ich sonst ja keine Zeit habe"; der Kranke, der den Arzt auf dem Lande zwingt, zweimal hintereinander das gleiche entlegene Dorf aufzusuchen, weil er sich nicht zugemutet hat, herauszufinden, wo der Arzt zu erreichen gewesen wäre; der Kranke, der den Arzt heranwinkt und auf der Straße ein Rezept ausgestellt haben will – sie alle lassen sich nicht einfach durch Gedankenlosigkeit, mangelnden Anstand oder gar Unverschämtheit erklären, sondern handeln so, wie sie es tun, weil sie festen Glaubens an die grundsätzliche und beliebige Beanspruchbarkeit des Arztes sind. „Dem Arzt macht das nichts aus, der kommt gern, er ist ja daran gewöhnt."

Wie tief in affektiven Regionen die Ansprüche auf Dienstleistungen sitzen, beweist nicht nur die große Befriedigung, die ein Publikum der Boulevardpresse bei Schlagzeilen wie „Jeder Arzt muß sofort kommen" kundtut, sondern mehr noch das eigentümliche, weil im Grunde widersinnige Phänomen, daß forcierte Dienstleistungen das einzige sind, was einen mangelnden ärztlichen Behandlungserfolg mitunter auszugleichen vermag. „Es ist nicht viel besser geworden, aber er (der Arzt) hat sich alle Mühe gegeben." „Also, er hat sich wirklich geplagt, das kann man nicht anders sagen. Zaubern kann er (der Arzt) schließlich auch nicht." „Alle Medikamente haben da nichts geholfen, da kann er (der Arzt) aber nichts dafür, denn er hat sich wirklich bemüht." Diese Worte meinen nicht nur, was sie sagen, darüber hinaus sind sie Demonstrationen für die Legitimität einer hier allerdings lobenden übergeordneten Instanz.

Nun ist der Unterschied zwischen einem kranken Menschen und einem gesunden tatsächlich einer der radikalsten, die es überhaupt gibt. Doch es ist eine Unterscheidung, die in die Breite geht, die deshalb um so unreflektierter ist, je spontaner sie versucht wird, und die deshalb nicht leicht ihre eigene Begrenzung erkennen kann. Weil es im Alltag unleugbar wesentlich ist, ob jemand krank oder gesund ist, weil es wichtig ist, daß der Omnibusfahrer nicht taub, der Schaffner nicht aussätzig, der Schutzmann nicht gelähmt ist, deshalb wagt das unreflektierte Bewußtsein den Sprung zur grenzenlosen Absolutierung, und deshalb versucht es, womöglich alles in diese eine Bezogenheit krank oder gesund zu pferchen.

Nun sind beides, Krankheit und Gesundheit, Abstraktionen und bezeichnen zwei gegensätzliche, einander weitgehend ausschließende Lebenslagen. Im allgemeinen Verstand scheint aber einer dieser Zustände durch den anderen bestimmbar zu sein, und aus den erwähnten praktischen Alltagsgründen richtet sich das Augenmerk des Beschauers vorwiegend auf die Krankheit, weil sie ein Merkmal eines bestimmten Menschen jeweils zu sein scheint, das es zu ändern gilt. Dementsprechend gibt es viele Antworten auf die Frage, wann ein Mensch krank ist. Ein Mensch ist krank, wenn er sich krank fühlt; ein Mensch ist krank, wenn er eine Veränderung eines Organs aufweist; er ist krank, wenn die Funktion eines Körperteils gestört ist; er ist krank, wenn ein vorgestelltes Gleichgewicht nicht mehr besteht; er ist krank, wenn er seinen Beruf nicht mehr ausüben kann, und endlich, und darin münden praktisch alle Definitionen ein, er ist krank, wenn er ins Krankenhaus muß.

Keine der vielen Antworten aber weiß davon zu sagen, wie es um den kranken Menschen nun eigentlich bestellt ist, in welchen Belangen er sich geändert, welche Saiten seines Wesens die Krankheit zum Schwingen oder zum Verstummen gebracht hat, was für Impulse oder Erlebnisweisen eine Steigerung oder Hemmung erfahren haben und wie, endlich, sich die Krankheit zu dem persönlichen Ziel, zur personalen Erfüllung verhält, welche die Bestimmung dieses Menschen ist.

Das macht, es wurde die rechte Frage verfehlt, die Frage danach, nicht wann ein Mensch krank ist, sondern was ein kranker Mensch wesensmäßig ist, und verfehlt wurde die Antwort, daß die Krankheit eben keine passagere Unterbrechung des Alltags, daß sie keine Panne technischer Art ist, sondern ein ontisches Prinzip in sich schließt und nach einer metaphysischen Ortsbestimmung zielt. Krankheit nämlich ist ein verändertes Sein, ein beeinträchtigtes Sein als Ausschnitt aus dem Dasein überhaupt, aber das persönliche Gesamt umfassend. Dem nachzuspüren mit dem Ziel, die krankmachenden Abläufe möglichst vollständig zu erfassen, das ist die ärztliche Aufgabe selbst und führt den fragenden, den erforschenden Arzt mitten in die persönlichste, die verborgenste Sphäre seines Kranken; ein solches Spüren allein schafft die Voraussetzungen allen Heilens, nämlich das möglichst vollständige, möglichst nichts auslassende Verstehen dessen, was sich in bezug auf die konkrete Erkrankung tatsächlich im Kranken abspielt.

In der Projektion wird aber das menschliche Leben, und zwar ohne Auslassung, der Kompetenz des Ärztlichen so zugeordnet, als sei diese ein hedonistisches Regulativ. Viele Patienten sind weit weniger krank als vielmehr das Opfer ihrer unzweckmäßigen Lebensweise. Aber über Lebensweisen wollen sie keine Betrachtungen anstellen, darüber wollen sie weder Rat noch Belehrungen hören. Von ihrer speziellen Art zu leben, so wie sie nun einmal infolge aller allgemeinen und besonderen Umstände ist, gehen sie aus. Sie entziehen sich der persönlichen Verantwortung dafür: „Ich weiß, daß das falsch ist und nicht gut für meine Gesundheit, kann es aber zur Zeit nicht ändern", und erwarten vom Arzt eine Anästhesierung gegen die Schädlichkeiten, die der moderne Alltag für die Person bereithält. Verstärkt wird diese Tendenz durch krasse Mißverständnisse, etwa durch die Fehlinterpretation des allerdings bereits an sich subalternen Wortes, daß es weniger darauf ankäme, den Kranken zu heilen, als ihn zu befähigen, mit seiner Krankheit zu leben.

In Gang gehalten wird diese Tendenz durch die Unkenntnis der fundamentalsten Voraussetzung aller Therapie im menschlichen und seelischen Bereich, nämlich des Verantwortungsgefühls des Kranken für sein Leid, und die Bereitschaft, einen zusammen mit ihm aufgespürten Weg *allein* zu gehen. Deshalb sind Kranke, die seelische Hilfe suchen, weitaus seltener als solche, die das, was sie als Sorge, als Unglück, als Lästigkeit empfinden, dem Arzt zugleich mit dem Verlangen zuschieben, er möchte es wegspritzen oder es anderweitig technisch aus der Welt schaffen. „Mein Kind schläft nicht", „Mein Kind *gefällt* mir nicht", das sind Feststellungen, die mit ganz naiver Selbstverständlichkeit eine wesensmäßig medizinische Abhilfe in Gang setzen sollen.

Aber auch entscheidenden Einfluß auf den Charakter eines Menschen – meist des anderen – soll der Arzt ausüben: das Prinzip von einem Arzt als von einem Sachwalter der Gesundheit hat sich in der Projektion gewandelt zum Bild des Arztes als eines pharmakologischen Schlüsselbewahrers des menschlichen Glücks. Das hat, rückwirkend, den Schädlichkeiten des Alltags eine neue hinzugefügt. Es ist die Dauereinnahme von Medikamenten als vermeintliche Garantie für ein persönliches Optimum.

Die Entwicklung der Medizin hat möglich gemacht, was früher unmöglich war. Dieser Satz, oft gesprochen oder gedacht, enthält allerdings eine weitgehende Relativität und hätte demnach zu lauten: Die Entwicklung der Medizin hat vieles ermöglicht, was früher nicht zugänglich war. Doch in der Projektion geht diese Relativität verloren. Der Kranke orientiert sich an den vertrauteren Vorgängen der Technik. Wenn dort etwas grundsätzlich möglich ist, so ist es auch unter Ausschaltung aller Fehlerquellen möglich. Daraus entspringt die Vorstellung, ein mangelnder Erfolg, ein Irrtum des Arztes sei gleichbedeutend mit einer persönlichen Schuld, und die Neigung, der Medizin überhaupt das Risiko dafür aufzubürden, daß ein Mensch krank wird, weitet sich aus. So kommt es, daß sich immer mehr Menschen mit letzter Feindseligkeit gegen den Arzt wenden, wenn ihm, wirklich oder vermeintlich, ein Fehler unterlaufen ist. Ja in manchen Ländern ist aus diesem Ablauf heraus so etwas wie eine eigene Industrie entstanden, die sich damit befaßt, sogenannte Kunstfehler aufzuspüren und höchst lukrativ auszuwerten – vorläufig noch unter Beteiligung des betroffenen Kranken.

Der Gedanke, es könne vom Menschen nicht kontrollierbare Abläufe geben, die sich dennoch am Menschen selbst auswirken, ist heute verhaßt wie keiner sonst, obwohl es solche Abläufe stets gegeben hat und stets geben wird, solange wie es den Menschen selbst gibt. Doch die gesundheitliche Schädigung, die sich eine Massengesellschaft selbst zufügt, ist heute zwar größer als in irgendeiner vorangegangenen Epoche, gerade darum aber ist die Bewahrung und Wiederherstellung der Gesundheit zur überwertigen Idee geworden. Die Rechtsprechung unterstellt die grundsätzliche Vermeidbarkeit von Fehldiagnosen, Fehlbehandlungen und Behandlungsfehlern und abstrahiert von der konkreten Situation, von der konkreten Persönlichkeit und von dem konkreten kausalen Zusammentreffen, durch die sie bewirkt wurden. Die Rechtsprechung unterstellt eine Gleichheit ärztlicher Kunst zumindest als fehlerausschaltendes Minimum; sie wird durch die Resonanz des Publikums in ihrem Bewußtsein von der Richtigkeit solcher Unterstellung bestärkt und würde, beispielsweise, einen Hinweis auf Justizirrtümer oder auf die eklatante Ungleichheit der Rechtsprechung als Bösartigkeit empfinden. Hierbei lassen sich oft sogar sonst kritische Menschen von der Vorgeformtheit mancher Zeitinhalte hinreißen und bedenken überhaupt nicht, wie sich ein solches Vorgehen für die Interessen der Kranken auswirkt; wie es sich, ohne daß man dies im einzelnen aussprechen müßte, auswirken muß; wie es sich, fortan der Steuerung entzogen, gar nicht anders auswirken kann als jenen Interessen gegenüber absolut und radikal konträr.

Die wahre Sucht, das Wagnis auszuschließen, das Risiko zu annullieren, die Weigerung, Beeinträchtigung und Leid als zum Leben gehörig anzuerkennen, all das stammt aus der Schicksalsschwäche des modernen Menschen. Sie führt in eine leere Mittelebene, in deren klimatisierter Dünnluft zwar die Gefahr nicht üppig gedeiht, in der sich aber auch ein volles menschliches Dasein nicht entfalten kann. Denn wer über ein gewisses Maß hinaus Beeinträchtigungen aus der Welt schaffen will, schafft durch solche Aktivität, die ihr Maß verfehlt, sofort größere Beeinträchtigungen als die, vor denen er sich fürchtet. Krankheit als Übel, das Mißlingen einer Behandlung, der tödliche Ausgang einer Operation, das frühzeitige, unaufhaltbare Sterben, das werden für immer menschliche Seinsformen bleiben, die nicht einer Folge von bestimmbaren und gar naturwissenschaftlich beeinflußbaren Ursachen entstammen, sondern dem persönlichen, einem Menschen zugeordneten Schicksal und die deshalb nur durch eine metaphysische, durch eine transzendente Fundierung des Menschen als sinnvoll verstanden und ertragen werden können.

Es ist nicht möglich, die Projektionen auf den Arzt durch Gegenprojektionen aufzuheben, etwa durch die Forderung, mit fortschreitender medizinischer Entwicklung solle das Verhältnis zwischen dem Kranken und dem Arzt immer objektiver, immer kühler werden, sollten Anteilnahme, Mitleid und Begütigung ganz und gar eingehen in eine bestmögliche Art der Hilfe. Denn eben das, was von den Menschen einer Zeit jeweils unter bestmöglich verstanden wird, bestimmt im wesentlichen die Inhalte der Projektionen. Deshalb erwächst dem Arzt zusätzlich zu seinen vielen einzelnen Aufgaben eine grundsätzliche, die allen anderen vorangehen muß: die Säuberung der Ebene der Begegnung von den Projektionen, die Weitung des menschlichen Feldes, die Wiedergewinnung des Wirklichkeitsspielraumes. Von neuem und bei jedem einzelnen Kranken muß dies geschehen, zugleich mit der unverdrossenen Abwehr all dessen, was den Arzt hindert, jenen vollen Kreis auszuschreiten, in dessen Mittelpunkt die Gesundheit des Kranken liegt.

IX.

Vom Lebensrecht der Lebenden –
das verfehlte Verständnis
und der Imperativ der Unmenschlichkeit

Ist die Einordnung der Krankheit in ein Weltbild, so wie es die Zeit begünstigt, schwierig und unvollkommen, so türmen sich die Hindernisse zu schier unübersteigbaren Gebirgen, wenn es gilt, Lebenszustände zu sichten und zu beurteilen, die durch einen dauerhaften, schweren, einschneidenden Mangel charakterisiert sind, so daß recht eigentlich völlig andere, aus dem gewohnten Dasein hinausweisende Daseinsgefüge entstehen. Das geschieht bei allen Krankheiten und bei allen Folgen einer Krankheit, die nicht wieder ausheilt, sondern sich als ein Dauerzustand darbietet, der mit einer nicht mehr behebbaren Veränderung der Person unauflöslich verknüpft ist; das ist der Fall bei jenen angeborenen Mängeln, die von Anfang an eine normgerechte menschliche Entwicklung erschweren oder verunmöglichen.

Die chronisch gewordene Geisteskrankheit, die neurologische Systemerkrankung, etwa die Multiple Sklerose, die mit Lähmungen einhergeht, oder die fortschreitende Epilepsie, die neben sich häufenden Krampfanfällen auch zur Persönlichkeitsveränderung führt, die schleichend verlaufende Leukämie oder die seit Geburt bestehenden Mißbildungen im Bereich des Nervensystems, deren bekannteste der sogenannte Hydrocephalus, der „Wasserkopf", ist, aber auch das Fehlen ganzer Gliedmaßen seit der Geburt, das alles sind Betroffenheiten, die dem menschlichen Bereich zugehören, und es ist eine der wesentlichsten Fragen die, wie sich die Menschen einer Epoche, einer Gesellschaft damit auseinandersetzen, welche geistigen Standorte sie in solcher Auseinandersetzung beziehen und zu welchem praktischen Handeln sie sich dadurch bestimmen lassen.

Dies läßt sich gut aufzeigen an einem Zustand, der, obgleich praktisch überaus bedeutsam, sich der allgemeinen Aufmerksamkeit dennoch nicht alarmierend einprägt, nämlich am Schwachsinn. Er ist die häufigste Beeinträchtigung der geschilderten Art und kann deshalb sehr wohl als Modell dienen, an dem sich Stellung und Verhalten einer Gesellschaft erkennen und messen läßt.

Schwachsinn bedeutet eine Einschränkung menschlicher Geistigkeit. Nun ist diese aber ein so einmaliges, ein so zentrales und zugleich so komplexes Phänomen, daß man kaum hoffen darf, sie definitorisch wirklich einzufangen. Will man deshalb den Schwachsinn allgemein umschreiben als angeborenen Mangel, der sich in einer Minderung der geistigen Leistungsfähigkeit kundtut, so wirft dies die Frage nach dem Wesen der geistigen Leistungsfähigkeit und nach ihrer Bedeutung im Leben des Menschen auf.

Eine der Grundvoraussetzung jeder Geistigkeit ist die Befähigung zur Reflexion. Wer etwas erfassen will, muß in der Lage sein, dieses als etwas von sich selbst Verschiedenes zu erkennen und solcherart ein Objekt zu bilden, welches aufgefaßt werden kann. Aber, und das ist entscheidend, aufgefaßt nicht infolge eines unmittelbaren Sinneseindrucks, sondern gedanklich aufgefaßt, innerlich vorgestellt und zugleich auch immer von irgendeinem Blickwinkel aus kritisch bezogen.

Das Auffassen entwickelt sich zunächst aus dem Registrieren einzelner Gegenstände, doch entwickelt bereits das kleine Kind die Fähigkeit zur Abstraktion. Es erkennt beispielsweise einen Stuhl auch dann, wenn dieser konkrete Stuhl weder in Farbe noch im Stoffbezug den Stühlen gleicht, die es bereits früher gesehen hat, und zwar ohne daß jemand das Kind über die entscheidende Gruppengemeinsamkeit von Stühlen ausdrücklich belehrt hätte.

Die Geistigkeit beschränkt sich aber nicht auf das Gegenständlich Statische. Das Kind wird inne, daß von der Umwelt Wirkungen ausgehen, die in einer Beziehung zu ihm selbst stehen; daß es diese Wirkungen, je nachdem ob sie lust- oder unlustbetont sind steuern, herbeiführen oder verhindern kann. Hier geht es bereits um das Erfassen von Zusammenhängen, um das Ziehen von Schlüssen und um die Einordnung von Erfahrungen. Durch all das weitet sich die Person, es kommt zu einem inneren Weltentwurf, der um so gegliederter und mannigfaltiger ausfällt, je größer die Abstraktionsfähigkeit wird. Die Intention gesellt sich dazu, der Anstoß zu möglichst umfangreichem Verknüpfen von Gegebenheiten, der ausschlaggebend für das Denken ist. Dieses selbst ist nur in Begriffen möglich, und zwar werden sie funktional gehandhabt, das heißt so, daß sich ohne Widerspruch aus Bekanntem zutreffende Schlüsse auf bisher Unbekanntes ziehen lassen, anders ausgedrückt: daß neue Zusammenhänge aufgedeckt werden.

Zur menschlichen Geistigkeit gehört sodann auch, daß Werte, die ursprünglich meist erzieherisch vermittelt sind, gesichtet werden.

Daß eine Auseinandersetzung mit ihnen stattfindet, daß sie inhaltlich, ihrem Wesen nach, erfaßt, modifiziert, weiter ausgebaut oder verworfen werden. Einsichten dieser Art wirken steuernd und anpassend, ihnen werden Affekte und Triebe, die rein ichbezogen sind, zugunsten einer Gemeinschaft geopfert. Das Auftauchen von Zielvorstellungen, das Bilden von Oberbegriffen spielt sowohl im Rationalen als auch in der Entwicklung der Phantasie eine große Rolle.

Schließlich gehört zur Geistigkeit auch die Erschließung ästhetischer Bereiche – das Erfassen von Proportionen, der Schönheit, des Wohlklanges – in einer tieferen Art als der eines bloß angenehmen Sinnesreizes. Denn der Geist des Menschen durchdringt in vielen Verflechtungen die Sphäre des Gemüts. Zwar ist die Fähigkeit zum Erleben, das Gefühl, die Hingabe an Gemütseindrücke nichts Rationales, dennoch aber abhängig von der Geistigkeit, weil diese auch in solchen Bereichen Umfang und Struktur, Resonanz und Tiefe der Person bestimmt.

Innerhalb der gesamten Geistigkeit läßt sich nun ein zentraler Bereich gedanklich aussondern, der für das praktische Leben besonders wichtig ist. Wir sprechen von Intelligenz und meinen damit die Fähigkeiten im engeren Sinn, die uns instand setzen, unsere Umwelt richtig zu erfassen, folgerichtig gedanklich zu verarbeiten, Zusammenhängen nachzugehen, unser Verhalten zweckmäßig zu steuern und uns, als Folge all dessen, als Individuum erfolgreich im Leben zu behaupten.

Um eine Minderung der Intelligenz dem Grade nach handelt es sich beim Schwachsinn. Seine Ursachen sind uneinheitlich und zum größten Teil noch unbekannt. Oft sind Schädigungen des Gehirns ursächlich, die während oder kurz nach der Geburt entstanden sind. Es ist dann gewissermaßen der Apparat betroffen, dessen reibungsloses Funktionieren sonst möglich macht, daß sich ein Mensch zu seinem vollen Dasein entfaltet. Manchmal geht es auch um Stoffwechselstörungen, etwa um eine von der Geburt an bestehende starke Unterfunktion der Schilddrüse. Weiterhin kennt man Störungen des menschlichen Gesamtgefüges, gleichsam fehlerhafte Codierungen, die sich im körperhaften Bereich als Mißbildungen, im seelischen als schwerste Beeinträchtigung der Intelligenz niederschlagen, wie etwa beim sogenannten Mongolismus. Auch ganz umschriebene chemische Fehlsteuerungen gibt es. Bei der Phenylketonurie, einer an und für sich bedeutungslosen Stoffwechselanomalie, kommt es zu schwerem Schwachsinn, während Kinder, die rechtzeitig mit einer bestimmten Diät behandelt werden, vollsinnig bleiben. Für eine bestimmte Form der Entwicklungshemmung ist ein Mangel an Glutaminsäure maßgebend. Das führte zu einem marktschreierischen, leider auch heute noch hie und da anzutreffenden Anpreisen dieser Droge als angeblicher Gehirnnahrung. Selbstverständlich ist dies völlig abwegig, weil durch Glutaminsäurezufuhr eben nur jene Entwicklungsstörungen beseitigt werden können, die auf einem Glutaminmangel beruhen, und das sind nicht viele.

In der überwiegenden Mehrzahl der Fälle gelingt es indes nicht, eine relevante körperliche Entsprechung oder gar Ursache des Schwachsinns aufzufinden. Man faßt deshalb den Schwachsinn weder als Krankheit noch als Leiden auf, sondern als Zustand, der als solcher durch eine medizinische Therapie weder gebessert noch je behoben werden kann: als unausgleichbares Defizit.

Das ist zwar an und für sich richtig, doch bahnt es einem fürchterlichen, wirklich tragischen Mißverständnis den Weg und bietet der Allgemeinheit jene Handhabe, die sie leider meist sofort ergreift, um sich vor allen weiteren Beanspruchungen aus dem Staube zu machen. Allzu leicht nämlich könnte es scheinen, daß sich aus der Tatsache der medizinischen Nichttherapierbarkeit des Schwachsinns ergibt, daß auch den einzelnen Schwachsinnigen nicht zu helfen sei und daß man sich deshalb mit dem Zustand, in dem man den Schwachsinnigen jeweils vorfindet, eben abzufinden habe.

Nichts aber ist irriger. Denn in Wahrheit stellt sich so gut wie stets heraus, daß der Schwachsinnige aus Gründen, die wir gleich kennenlernen werden, weit unterhalb jener Niveaugrenze bleibt, die ihm durch den Schwachsinn definitiv gesetzt ist. Mit anderen Worten: bei den wenigsten Schwachsinnigen sind alle ihnen verbliebenen Möglichkeiten wirklich aktuell entfaltet. Wie weit sie überhaupt entfaltet sind, hängt, und das ist eine der betrüblichsten Erscheinungen, meist vom Zufall der Umgebung ab, hängt davon ab, ob sich überhaupt jemals jemand die Mühe gemacht hat, den Persönlichkeitsumfang des Schwachsinnigen exakt zu bestimmen, und ob man genügend Zeit, Geduld und Mühe aufwandte, das herauszuholen, was in ihm steckt. Es ist also die Tatsache, daß dem Schwachsinnigen Grenzen gesetzt sind, nur die Besonderung, in diesem Fall die einschränkende Besonderung, des Gesetzes, daß allem Grenzen gesetzt sind, und das ist zuallerletzt ein Grund, sich resigniert, gleichgültig oder gar verächtlich von dem Schwachsinnigen zu wenden und ihn mit dem wahrhaft rohen und ungeistigen Wort, daß man da sowieso nichts machen könnte, sich selbst zu überlassen.

Nach einer alten, zur Orientierung indes ganz brauchbaren Einteilung unterscheidet man zwischen Idiotie, Imbezillität und Debilität.

Die Debilen bilden die größte Gruppe der Schwachsinnigen, und obwohl sie weit weniger betroffen sind als die Imbezillen oder gar die Idioten, haben und verursachen sie im Leben die weitaus größten Schwierigkeiten. Der Debile nämlich muß unfehlbar und in jedem einzelnen Fall scheitern, wenn man versucht, ihm ein Entwicklungsprogramm aufzuzwingen, dem er nicht gewachsen ist, wenn man also, wie dies leider häufig geschieht, die Leistungen eines Vollsinnigen von ihm verlangt.

Dies tun zunächst und vor allem die Eltern des Debilen, und zwar aus einer grundverkehrten Einstellung heraus, die aus einer medizinischen Diagnose eine Prestigefrage macht. Da dem Schwachsinn nun einmal, ebenso unbegründet wie zäh, ein Makel anhaftet, so fühlen sich die meisten Eltern sofort persönlich attackiert, wenn auch nur die Möglichkeit des Schwachsinns bei ihren Kindern zur Debatte steht. Die Eltern kommen sich, besonders seit dem Druck der Tausendjährigen Propaganda, der gerade auf diesem Gebiet ganz aktuell anhält, fast wie ein Produzent vor, dem man die Fehlerhaftigkeit seiner Ware vorwirft. Sicherlich, es spielen Erbfaktoren beim Schwachsinn eine wenn auch noch völlig unklare Rolle. Aber Erbfaktoren sind das allerletzte, das sich ein Mensch als Verdienst zurechnen oder als Verschulden ankreiden lassen dürfte. Sehr oft jedoch versuchen Eltern verzweifelt, den Schild ihrer Erbsubstanz makellos glänzend zu halten, selbst auf Kosten der menschlichen Substanz, aus der die rechte Vorsorge für ihre betroffenen Kinder erfließen sollte. Die Eltern vergessen dabei völlig, daß sie durch all dies der Diskriminierung des Schwachsinns selbst Vorschub leisten, während es doch darum gehen müßte, dem Debilen einen Werdegang zu ermöglichen, der ihm die beste und gemäßeste Teilnahme an der Gesellschaft sichert. Ein landwirtschaftlicher Arbeiter beispielsweise, der von vornherein mit Sorgfalt und Umsicht auf diesen Beruf vorbereitet wurde, leistet mehr, fühlt sich wohler und ist ungleich besser daran, als sein Schicksalsgenosse, der sich unter dem Druck der Eltern bis zur dritten Klasse einer höheren Schule durchquälen mußte, um schließlich, aus der Bahn gerissen, unter improvisierten Bedingungen als Hilfsarbeiter zu landen.

Der Debile lernt ohne weiteres Lesen und Schreiben, kommt

meist in einer üblichen Grundschule mit, erlernt einen einfachen Beruf und vermag es durchaus, sich am Leben zu erhalten, obwohl es ihm schwerfällt, mehrere Gegebenheiten gleichzeitig aufzufassen und kompliziertere Zusammenhänge zu durchschauen. Sein kritisches Unterscheidungsvermögen ist gering; ein Risiko, das neu in sein Leben tritt, vermag er meist nicht richtig abzuschätzen. Die Ablenkbarkeit durch Affekte ist sehr groß, der Umgang mit Menschen erschwert, da er zum einen vieles nur mangelhaft begreift, zum anderen oft die Distanz übermäßig verkürzt und dadurch leicht als aufdringlich oder lästig empfunden wird. Auch der Gefahr des sozialen Abgleitens ist er sehr stark ausgesetzt, insbesondere dann, wenn seine Eltern nicht mehr da sind und wenn sich auch sonst niemand richtig um ihn kümmert. Verwahrlosung, Kriminalität, Alkoholismus, Landstreicherei, das sind Aspekte mit sehr engen Beziehungen zur Debilität. Sollen die Fragen, die ihn betreffen, auch nur einigermaßen gelöst werden, so muß vor allem die Diskriminierung des Schwachsinns aufhören. Ohne Bedenken und falsche Scham müssen für den Debilen die Hilfen in Anspruch genommen werden, die es, wenn auch nicht in ausreichendem Umfang, heute schon gibt. Es könnten genügend Plätze geschaffen werden, an die man den Debilen stellen kann, denn er ist meist fleißig, zuverlässig und entfaltet nicht selten beträchtlichen Ehrgeiz. Er gibt sich um so größere Mühe, als man ihn merken und fühlen läßt, daß man nicht auf ihn herabsieht, sondern ihn als Menschen schätzt. Und er ist menschlich erfreulicher und sicher auch wertvoller als ein überheblicher, aufgeblasener und darum hohler „Normaler", und auch die kleinen Unstimmigkeiten, die sich ab und an im Umgang mit Debilen einstellen mögen, wiegen nichts, wenn man bedenkt, daß es darum geht, einem Menschen das Leben dadurch zu ermöglichen, daß man ihm einen Halt bietet.

Die Imbezillen sind – als die zweite Gruppe der Schwachsinnigen – in besonders hohem Maße davon abhängig, was erzieherisch mit ihnen geschieht. Der Imbezille vermag es, einfache Begriffe zu bilden. Richtig verknüpfen kann er sie nur dann, wenn er dazu angeleitet und darin eingeübt wird. Der geistige Antrieb ist zwar vorhanden, entfaltet sich aber nur bei gutem menschlichem Kontakt. Lesen und Schreiben bleiben mangelhaft, und der Vielzahl der Umweltanforderungen sind die Imbezillen meist nicht gewachsen. Sie bleiben deshalb lebenslang abhängig von einem Vormund. Die entscheidende Frage ist, ob sie asyliert werden müssen. Dies wäre für die Mehrzahl zu verneinen, die imstande ist, einfache Tätigkeiten auszuüben. Demnach könnten Imbezille von Nutzen sein, ein Wort, bei dem die Gesellschaft immer aufhorcht. Leider tritt der Nutzen nur selten ein. Nehmen wir an, ein Imbeziller wäre als Hilfsarbeiter geeignet, seine physische Leistungsfähigkeit ist nicht geringer als die eines Vollsinnigen. Aber in einem alltäglichen Milieu fällt der Imbezille sofort auf. Er wird verlacht, ausgenutzt, absichtlich und unabsichtlich gereizt. Seine Leistung muß absinken, er wird zu einem Quell der Unruhe, er wird entlassen. Wo soll er wohnen, wer soll ihn versorgen, wer soll ihm den Umgang mit den Behörden erleichtern. Überall stößt er auf Verständnislosigkeit, und im besten Fall hilft man ihm in jener derb-gutmütigen, herablassenden Art, die mehr eine Bestätigung der eigenen Überlegenheit als eine echte Hilfsbereitschaft anzeigt. Dementsprechend ist das Resultat: in den Heil- und Pflegeanstalten, den Psychiatrischen Landeskrankenhäusern, in Stiftungen und in einwandfreien oder auch dubiosen Heimen wimmelt es von Imbezillen, die sich überall anderswo aufhalten könnten als gerade dort, wären auch nur die einfachsten Voraussetzungen geregelt.

Vor etlichen Jahren sah es so aus, als beginne man sich dieser Frage endlich zuzuwenden. Man schuf sogenannte beschützende Werkstätten. Die Imbezillen wohnen, ärztlich und pädagogisch betreut, in klinikähnlichen Heimen. Tagsüber gehen sie einem einfachen Beruf nach, in besonderen Werkstätten, deren Meister mit den Eigenarten und Behinderungen der Tätigen vertraut sind. Das freilich ist nur möglich, wenn sich Betriebe bereit finden, ihre Vorurteile beiseite zu lassen und einen Teil der Fertigung den beschützenden Werkstätten anzuvertrauen. Überraschenderweise hat sich herausgestellt, daß das für den Betrieb kein wirtschaftliches Opfer bedeutet. Der Lebensunterhalt der Imbezillen läßt sich freilich aus dieser Arbeit nicht decken, so daß das ganze System sofort in Frage gestellt ist in einer Gesellschaft, die alles, was nicht unmittelbar dem materiellen Wohlstand dient, von sich schiebt, und das ist auch der Grund dafür, warum aus dem vielversprechenden Ansatz nicht viel wurde. Beschützende Werkstätten gibt es auch hierzulande. Sie werden mit Vorliebe vorgezeigt, am besten irgendwelchen Kommissionen oder Studiengruppen, doch sie haben praktisch am Los der Imbezillen insgesamt kaum etwas geändert, weil es viel zu wenige dieser Werkstätten und vor allem weil es viel zu wenige an dieser Frage interessierte Menschen gibt.

Bei der Idiotie endlich sind die Grenzen der Geistigkeit sehr eng. Die Betroffenen lernen weder Lesen noch Schreiben und können meist auch nicht richtig sprechen. Eine personale Steuerung kommt vorwiegend aus den tiefen Schichten der Person, aus Bereichen also, wo die Individualität gering ist. Es sind Instinkte und Triebe, Empfindungen und unklares Wollen, mit denen wir es hier zu tun haben. Klare Vorstellungen, nüchterne Überlegungen und die Fähigkeit zur Abstraktion treffen wir hier ebensowenig an wie ein ethisches Unterscheidungsvermögen, eine auf mehr als vitale Bedürfnisse gerichtete Intention oder ein ästhetisches Bedürfnis. Sich selbst überlassen, würden solche Menschen in kurzer Zeit zugrunde gehen; sie bedürfen deshalb der ständigen Betreuung und Pflege in geeigneten Anstalten. Was aber ist geeignet. Es liegt auf der Hand, daß idiotische Kinder ganz primär eine Unzahl von Schwierigkeiten verursachen. Sie wollen stets das, was sie nicht sollen, und wollen das, was sie sollen, nicht, denn sie sind nicht imstande, den Sinn dessen, was man von ihnen verlangt, zu erfassen. Nun liegt zudem noch die Gefahr nahe, daß es denjenigen, die mit den idiotischen Kindern zu tun haben, weniger darum geht, alle Reste einer möglichen menschlichen Entwicklung zu erfassen und zu nutzen, sondern darum, diese Kinder zu verwahren und so zu dressieren, daß sie möglichst wenig Scherereien machen.

Damit wird man ihnen aber ganz und gar nicht gerecht. Denn auch aus Trieben, Affekten und einem dumpfen Lebensdrang läßt sich so etwas wie eine Person herausbilden, und sei es dadurch, daß man in diese Elemente Ordnung bringt. Die Fähigkeit der Eingewöhnung, die Fähigkeit der Anpassung an einen zweckmäßigen, das subjektive Wohlbefinden steigernden Tagesablauf vermissen wir selbst bei den schwersten Formen der Idiotie niemals. Lernt das Kind aber, sich gewissen Verhaltensweisen zu bequemen, so wird das Triebhafte, das Vegetative zwar nicht aufgehoben, aber in einer Weise gebahnt, die den Betroffenen eben doch über die ursprüngliche, rein vegetative Stufe hinaushebt.

Fragt man, worin der Nutzen eines solch großen Aufwandes liegt, so gibt es darauf eine klare Antwort: in der Humanität. Es ist ein Stück verwirklichter Menschlichkeit, das aus dem Bemühen um das idiotische Kind und aus den Erfolgen solchen Bemühens hervortritt. Sie hat freilich einen klaren Standort zur Voraussetzung. Die vielgebrauchte Äußerung, Idioten stünden eigentlich auf der Stufe von Tieren, ist in bösartiger Weise unwahr. Allen Tierprofessoren jeglicher Couleur und allen Hundebesitzern und Liebhabern jeglicher Rasse zum Trotz: ein idiotischer Mensch, und sei er als Mensch noch so schwer betroffen, ist um ein vielfaches intelligenter, als das allerintelligenteste Tier. Denn er ist vom Tier geschieden durch die unverwischbare Kategorie des reflektierenden Bewußtseins, die ihm, trotz aller Behinderung, eine Transparenz des Daseins ermöglicht, die dem Tier verschlossen ist und bleibt.

Folgerichtig kommt selbst mit Idioten ein echter menschlicher Kontakt zustande. Sie lassen in ihrem Verhalten und in allen ihren Äußerungen erkennen, daß sie sich bei guter Pflege wohlfühlen, daß sie ihren Zustand nicht als qualvoll empfinden und daß sie gern am Leben teilhaben. Wo also auch heute noch in den Anstalten Idioten ein kaum mehr als vegetatives Dasein führen, sind sie nicht nur die Opfer ihrer Behinderung, sondern einer aus einer grundfalschen Anschauung stammenden, grundfalschen Behandlung. Sie sind Opfer einer Serie von Dressurakten, die sie auf dem vegetativen Niveau halten. Daraus ergibt sich, daß sich die Gesellschaft weit intensiver, als es geschieht, mit dem Schicksal Idiotischer befassen sollte, daß mehr und bessere Pflegeanstalten errichtet werden und vor allem daß man sich dafür interessiert, was dort vor sich geht und mit welchem Effekt.

Doch hier befinden wir uns in einem dunklen Land und obendrein noch an einem Scheideweg, wie er bedeutungsvoller nicht gedacht werden kann, denn eine seiner weiteren Richtungen führt in den Abgrund des menschlichen Geschlechts, und gerade ihn versieht die heutige Sozietät mit einer verdächtig deutlichen Markierung.

Noch eine Wirkung nämlich entfaltet die Idiotie – und sie ist hier stellvertretend für alle unheilbaren Krankheiten und für alle nicht korrigierbaren schweren Beeinträchtigungen eines lebenden Menschen –, die an Ernst und Gehalt dem traurigen Los der direkten Opfer nicht nachsteht und sich als Hochschwemmung dunkler, abartiger, ungezügelter Vernichtungslust kennzeichnet. Gemeint ist der unfaßbar häufig zu vernehmende Ruf nach der Tötung dieser Gruppe von Menschen, das Verlangen, man solle ein menschliches Wesen, das in seiner körperlichen und geistigen Entwicklungsfähigkeit schwer geschädigt ist, einfach umbringen.

Diese Forderung stützt sich, insbesondere wenn es sich um Kinder handelt, auf eine monotone Reihe von Unterstellungen: ein solches Kind sei für die Eltern nicht nur ein großes Unglück, sondern eine untragbare Belastung, Kinder solcher Art könnten eigentlich nicht als Menschen angesehen werden. Ihr Leben sei nicht lebenswert. Sie würden mit Sicherheit, wenn sie einsichtig wären, von sich aus nicht leben wollen. Die Tötung sei ein Akt des Mitleides oder gar eine Forderung allgemeiner Menschlichkeit, zumindest aber die

„günstigste Lösung". Pflege und Behandlung seien unrentabel und eine wirtschaftliche Zumutung, da solche Menschen zu nichts nütze seien.

All dies wird begleitet von vage ineinanderfließenden Vorstellungen davon, daß selbstverständlich nur wissenschaftlich einwandfrei als unheilbar festgestellte Fälle in Frage kämen, nach einem komplizierten Ausscheidungsverfahren vor kapazitätenstrotzenden Kommissionen.

Bereits diese gewünschte Eindeutigkeit gibt es niemals und nirgendwo. Weder Kommissionen noch Kapazitäten könnten in Fragen der Tötung anders entscheiden als völlig willkürlich, weil es andere als völlig willkürliche Maßstäbe nicht gibt. Selbst der Hauptschuldige an den Selektionen in den Konzentrationslagern, ein Antiarzt und Unmensch, hat sich vor seinem erbärmlich feigen Selbstmord die Teilwahrheit abgerungen, daß ein System der Tötung, das frei von Fehlerquellen und Mißbrauch wäre, nicht möglich sei; eine Teilwahrheit deshalb, weil jegliche Tötung eines menschlichen Wesens, das nichts verschuldet hat, bereits in sich ein Mißbrauch ist. Und die Vorstellung, daß das Leben oder Nichtleben davon abhängt, ob irgendein Professor glaubt, bei einem Menschen sei „die Persönlichkeit" noch zu entfalten, bei einem anderen nicht, bei einem sei die Persönlichkeit noch vorhanden, beim anderen durch die Krankheit bereits zerstört, so daß man mit ihm umgehen kann wie mit jemandem, der zwar noch lebt, dennoch aber bereits tot ist – ein Paradoxon, das noch am ehesten dem entspricht, was man Professorenmentalität nennen darf –, ist tatsächlich so fürchterlich, daß sich gewiß kein Befürworter des Hinmordens Kranker und Unheilbarer in die Behandlung eines solchen Professors begeben würde.

Zweifelsfrei ist es für alle Eltern ein schwerer Schlag, wenn sie erfahren müssen, daß ihr Kind mißgestaltet ist oder sich niemals geistig zur gleichen Höhe wie andere Kinder entwickeln wird. Eltern empfinden dies als ungeheuer ungerecht, als eine Schicksalsrache, als einen unbarmherzigen und blinden Zugriff. Aber Zeugung und Geburt eines Kindes sind nicht vergleichbar einer durch Garantien gesicherten industriellen Produktion; Zeugung und Geburt können sich nur innerhalb einer für den Menschen schicksalhaften Freiheit vollziehen. Deshalb sind die Kinder nicht das Eigentum der Eltern, deshalb werden Kinder niemals zu einer verfügbaren Sache, und deshalb tragen Eltern eine nicht abwälzbare Verantwortung für ihre Kinder, das heißt, daß die Interessen der Eltern in dieser Frage, genauso wie die Interessen der Umwelt in bezug auf einen bewußtlosen Erwachsenen, gänzlich aus dem Spiel bleiben müssen. Es ist nicht zulässig, ein Kind, sei es gesund oder mißgestaltet, irgendwelchen Einwirkungen auszusetzen im Hinblick auf das Wohlergehen oder gar die Bequemlichkeit der Eltern. Nicht was die Eltern in Kauf zu nehmen, nicht was sie durchzustehen haben, zählt hier, sondern allein ihre Verpflichtung zur Fürsorge für ein Wesen, dessen Dasein ihrem Willen und ihrem Verhalten entsprungen ist und das, wenn es mißgestaltet oder unheilbar krank ist, doppelt ausgeliefert und doppelt schutzbedürftig ist. Wo aber in Zeiten, deren baldige Wiederkunft von den Euthanasieanhängern so sehr erhofft wird, Eltern ihre Kinder den als Krankenschwestern, Ärzten und Beamten getarnten Mördern ausgeliefert haben, hat es sich durchweg um Eltern gehandelt, die sich nicht gescheut hätten, auch ihre gesunden Kinder zu beseitigen, wenn diese ihnen unerwünscht oder unbequem gewesen wären und sie hätten damit rechnen dürfen, der gesellschaftlichen Ächtung zu entgehen.

Dies haben einige im Ausland geführte Prozesse mit furchtbarer Anschaulichkeit gezeigt; jedem Freispruch wegen der Tötung eines mißgebildeten Kindes folgte eine Serie regelrechter Morde, deren Täter gleichfalls auf Straffreiheit spekulierten.

Daß behinderte Kinder, daß unheilbar Kranke und geistig Betroffene keine Menschen seien, ist eine völlig unwahre, durch nichts zu rechtfertigende Unterstellung. Jedes von Menschen geborene lebende Wesen ist ein Mensch und kann gar nichts anderes sein. Das verbindliche Merkmal eines Menschen ist seine Fähigkeit, in Kontakt zu treten. Dieses Vermögen vermißt man *niemals:* selbst die mißgebildetsten Kinder, selbst die idiotischsten Kinder haben und behalten Kontakt zur mitmenschlichen Umwelt, und selbst bei jenen Menschen, die sich nicht ohne weiteres und augenscheinlich klar verständlich machen können, sollte man sich vor dem Urteil, sie seien völlig ohne Vermögen zum menschlichen Miteinander, scheuen wie vor nichts sonst.

Der Begriff, besser gesagt: der Unbegriff, des sogenannten lebensunwerten Lebens entstammt dem professoralen Größenwahn eines Mannes, des Psychiaters Hoche, der auch konsequent, unter Mittäterschaft des Strafrechtsprofessors Binding, jenes Massenmorden in den Jahren 1933 bis 1945, die Euthanasie angeblich Unwerter durch tatsächlich Minderwertige, rechtfertigend unterbaute und jenes Unmaß an unmenschlichem Ungeist zur Verfügung stellte, das Voraussetzung solchen monströsen Unterfangens war.

Tatsächlich gibt es schlechthin kein Kriterium, welches das Urteil „lebensunwert" ermöglichen könnte. Die Aussage, „jemand ist lebensunwert", kann legitimerweise von einem Menschen überhaupt nicht gemacht werden. Wer ist lebensunwert, von welchem Blickpunkt aus, mit welcher Begründung? Ist der Maler lebensunwert, der sein Augenlicht verliert, ist es der Konzertpianist, dem bei einem Unfall beide Hände abgequetscht werden? Sind alte Menschen, die von einer Vielzahl von Beschwerden heimgesucht werden, lebensunwert, ist es das Opfer eines Unfalls, das ein sogenanntes Apallisches Syndrom aufweist, bei dem die Funktion der Hirnrinde also weitgehend ausgeschaltet scheint und das deshalb unfähig ist, sich zu verständigen, und von dehumanisierten Neurologen als „dezerebriertes Wesen" abschätzig abgetan wird? Ist der Tuberkulöse lebensunwert oder der Krebskranke, ist endlich jeder lebensunwert, dessen finanzielles Einkommen unterhalb einer bestimmten Grenze liegt, und sind schließlich auch jene Menschen lebensunwert, deren Existenz im Widerspruch zu einem bestimmten politischen Programm steht?

Wer will auch nur annähernd ausmessen, was das Leben, das einfache Da-sein für einen Menschen bedeutet, selbst für einen, der sich nicht mitteilen kann. Bereits nach einer schweren Krankheit empfindet der Gesunde jeden banalen Alltag als besonderes Geschenk, um wieviel mehr erst ein Wesen, dessen Leben sich nahezu völlig auf die Tatsache beschränkt, daß es überhaupt lebt. Was aber weiß man über das Innenleben schwachsinniger Kinder. Mit Sicherheit nur das eine, daß es sehr viel reichhaltiger, komplizierter, vielschichtiger und im wahrsten Sinn des Wortes lebendiger ist, als schematische Vorurteile dies zugestehen. Wer will entscheiden, ob ein solches inneres Leben selbst in seiner Verzerrung nicht größeren Wert für das Individuum hat, als er einem stumpfen Oberflächendasein eines Gesunden in einer konfusen, modernen Gesellschaft beizumessen ist.

Es ist aber auch durchaus unmöglich, die Grenzen einer solchen Entwicklung von vornherein zu ziehen. Krankheiten, die gestern einem Todesurteil gleichkamen, sind heute heilbar, man denke an die tuberkulöse Hirnhautentzündung oder an die Lepra. Die Wissenschaft vom Ausgleich der Funktionen geschädigter oder nicht vorhandener Körperteile und Gliedmaßen hat eine von der Öffentlichkeit unbeachtete Höhe erreicht und entwickelt geradezu wunderbare Zukunftsaspekte, wie beispielsweise mechanische Vorrichtungen, die durch die Nervenimpulse des Kranken selbst gesteuert werden können. Durch eine zweckmäßige und hingebungsvolle

Pflege, durch eine angepaßte Pädagogik, überhaupt durch die Summe aller von der Wissenschaft erarbeiteten Möglichkeiten lassen sich aber gleichfalls auf geistigem Gebiet Erfolge erzielen, deren Umfang noch nicht genau abzustecken ist. Wer also behauptet, es lasse sich bereits wenige Wochen nach der Geburt eines Kindes mit Sicherheit feststellen, ob es später hoffnungslos auf einer tierähnlichen Stufe der Idiotie werde verharren müssen, der lügt, selbst wenn er, und das ist eine gräßliche Wortironie, Professor für Kinderheilkunde gewesen ist.

Es kann nicht überraschen, daß der Lebenswille der betroffenen Kinder meist ausgeprägt ist. Man kann unter vielen Tausenden mißgebildeter oder geisteskranker Kinder keines antreffen, nicht ein einziges, das wünschte, getötet zu werden. Sollte aber jemand sagen, auf den Lebenswillen der ausersehenen Opfer komme es nicht an, so ist dagegen zu fragen: Worauf sonst?

In jener Weise, wie es sich der Gesunde vorstellt, ist der Mißgebildete niemals unglücklich. Ihm fehlt ja das unmittelbare Erleben. Ein Kind, das ohne Arme zur Welt kommt, wird niemals die Qualen nacherleben können, die einen Gesunden befallen, wenn er beide Arme verlieren sollte. Das Kind erlebt vielmehr vom ersten Tag an die Welt anders, ihm ist von vornherein beschieden, seinen Mangel durch die immer wieder in Erstaunen setzende menschliche Anpassungsfähigkeit innerer Art zu kompensieren, so wie dies benachteiligte Lebewesen seit Jahrtausenden erfolgreich getan haben.

Ein Töten aus Mitleid wäre ausschließlich als schicksalhafte menschliche Grenzziehung denkbar: ein von Brandbomben bis zur Unkenntlichkeit Entstellter erfleht den Tod; ein in den Kellern einer Geheimpolizei Gefolterter beschwört seine Mitgefangenen, ihn zu töten, damit er weiteren Marterungen entgehe. Wie aber könnte es ein Akt des Mitleides sein, jemanden zu töten, der leben will. Ihm selbst die begrenzten Möglichkeiten des Daseins zu nehmen ist doch das Schrecklichste, Inhumanste und Mitleidloseste, das es überhaupt geben kann.

In Wirklichkeit leitet sich denn auch die Forderung nach dem Töten nicht vom Mitleid her. Niemals wird man bei den Verfechtern eine süßliche Sentimentalität vermissen, niemals ein ekelerregendes, gewollt selbstquälerisches Augenverdrehen. „Die Behandlung um jeden Preis, der gedankenlose Einsatz aller technischen Mittel, hindert den Patienten am Sterben, und zwar auch dann, wenn das Sterben vom Sterbenden her nicht als simples organisches Verlöschen, sondern im positiven existentiellen Sinne als Abschluß eines erfüllten Lebens zu sehen ist. So nimmt eine falsch verstandene Intensivtherapie dem Patienten das Recht auf seinen Tod und entwürdigt seine Persönlichkeit." Was für ein verlogener Schwulst. Wort für Wort unecht, Wort für Wort eine schablonierte Phrase, und das von einem Arzt, der zudem ausgerechnet Direktor eines Institutes für Anästhesie ist; und doch in einer zynischen Zurückholung wieder verständlich, denn der Tod ist freilich die wirksamste und billigste Anästhesie.

In Wahrheit sind die Befürworter des Tötens, mögen sie sich tarnen, womit auch immer, weltenweit entfernt von echten Gewissensnöten und eines echten Mitleidens ganz und gar unfähig. Sie wollen, als typische Repräsentanten eines besorgniserregend zunehmenden Teils unserer Gesellschaft, aus reiner Egozentriertheit durch die Nöte und Leiden der Kranken und Unheilbaren nicht angerührt, nicht belästigt, nicht aus ihrer Wohllebensbequemlichkeit und ihrem Fernsehsesselniveau aufgescheucht werden. Sie sind die in Wahrheit Unheilbaren, die primitiven Persönlichkeiten, die unfähig sind, einem vollen menschlichen Schicksal standzuhalten, und sie wollen dies an jenen rächen, die sich am wenigsten wehren können: an Kindern und unheilbar Kranken. Diese Primitivität verschwindet nicht zugleich mit Titeln und Würden. Sie ist ihrerseits die Folge eines Mangels, eines Defektes des Menschseins, der, weil sittlich beziehbar, größer und belastender sein muß, als es eine krankhafte Beeinträchtigung irgendwelcher Art je sein kann.

Der Scheideweg, von dem die Rede war, ist in helles Schlaglicht getaucht. Vorbeistehlen kann sich niemand, und niemand kann auch den Konsequenzen im Tatsächlichen ausweichen. Besser und genauer als durch alles andere fällt eine Epoche ein Urteil über sich selbst durch die Art, wie sie ihre menschlichen Verpflichtungen erfüllt oder verfehlt jenen Lebewesen gegenüber, die im Entscheidenden, in ihrem Menschsein, gleich sind denen, die die Gesellschaft selbst bilden.

X.

Besinnung, Wertordnung und Schicksal

Gegen die Schäden, die aus den einer Epoche eigentümlichen Einrichtungen herrühren, ist ein direkter Kampf nicht möglich, schon gar nicht in der Art, daß man etwa diese Einrichtungen selbst kurzerhand ändert oder abschafft. An ihre Stelle würden sich augenblicklich andere, womöglich schlimmere setzen, wenn nicht zugleich vorher der Mensch befähigt würde, sein eigenes Wesen besser zu erfassen, seine eigenen Gemäßheiten besser zu erkennen und seine eigenen Kräfte folgerichtiger zu steuern. Deshalb helfen hier weder erklügelte utopische Systeme, die samt und sonders mit einem konditionalen „Wenn" sich selbst aus der Wirklichkeit aussperren, noch Programme, die menschliche Artung und die Grenzen ihrer Wandelbarkeit außer acht lassen.

Doch eines ist dem Menschen zu jeder Zeit möglich: sich über sich selbst und über seine Stellung innerhalb einer Zeit Gedanken zu machen, seine eigenen Schlußfolgerungen zu ziehen und – das wesentlichste – sich seinen Einsichten in seinem persönlichen Leben auch wirklich unterzuordnen. Es kann einfach der Weg in eine Zukunft mit keinem anderen Wegweiser versehen werden als mit dem Hinweis auf die Notwendigkeit ständiger, nicht nachlassender, nichts auslassender Auseinandersetzung, denn – und hier münden alle Einengungen durch eine Zeit in eines – mehr als durch alles andere liefert sich der Mensch unserer Tage dem Gestaltlosen dadurch aus, daß er diese Auseinandersetzung unterläßt oder zumindest versucht, sich solche Resultate anzueignen, die ihm vorgeblich bei der Bewältigung seines Lebens helfen sollen, wiewohl eben gerade die eigene Auseinandersetzung durch nichts ersetzbar ist.

Das ist der Grund, weshalb ein konkreter Lebensplan nicht mitteilbar ist und wertlos bleibt, wenn dies doch versucht wird. Das ist aber auch der Grund, weshalb vor der Errichtung eines konkreten Hauses des Lebens eine Besinnung auf die Fundamente vonnöten wird, und so wollen wir in der Folge zwei fundamentale Zumessungen des Menschen kennenlernen und uns mit der Bedeutung der Wertordnungen und mit der des Schicksals für den Menschen befassen.

Das unabänderliche Signum des Menschen ist es, daß er sich nicht selbst genügt, daß er nicht unmittelbar und mit Notwendigkeit aus sich selbst heraus das und nur das tut, was ihm not tut. Als Wesen der Reflexion fähig, bedarf der Mensch der Reflexion, um sich zu orientieren. Nicht das Aufgefaßte, sondern das Verarbeitete, nicht das, was im Menschen spontan aufsteigt und durchbrechen will, sondern das, was einer ihm innewohnenden Artung entspricht, befähigt ihn, mit anderen Menschen zu leben und eine Gesellschaft zu bilden, Kultur zu entfalten und den inneren Lebensraum stetig zu weiten.

Diese Stellungnahme des Menschen zu sich selbst, dieses Rückbeziehen von allem, was er zu erkennen vermag, auf seine eigene Position als Mensch begründete von je *Ordnungen*. Ihr Wesentliches ist, daß sie nicht ein konkretes Verhalten in einem einzelnen Fall regeln, sondern ein Prinzip konstituieren, das normativen Charakter hat, das heißt, überall da, wo die gleiche Frage wieder auftaucht, und daß sie wieder auftaucht, ist bei der Reduzierbarkeit aller menschlichen Fragen auf einige wenige Grundprobleme gewiß, ist nunmehr durch die Ordnung eine Richtung auf die Lösung hin gewiesen. Mehr noch: eine Lösung ist gefunden, die nicht nur dem Fall, der Verstrickung, den Ansprüchen im einzelnen, sondern die dem Wesen des Menschen gerecht wird.

Das allerdings setzt voraus, daß die Prinzipien einer solchen Ordnung Werte meinen und deshalb selbst Werte sind; Werte, die, aus dem Menschen hergeleitet, auf den Menschen bezogen bleiben und die in umgreifender Weise eine Menschlichkeit erfassen, die allein geeignet ist, sich nach außen zu projizieren, aktiv und manifest zu werden und das Menschliche am Leben zu ermöglichen und zu sichern. Ist eine solche Ordnung geschaffen, so ist eine Ordnung der Werte, eine Wertordnung, entstanden.

Diese Ordnung entsteht um so schneller, um so umfassender und gültiger, je gefährdeter sich die Menschen innerhalb ihres Ordnungsbereiches empfinden. Die von nicht mehr vorstellbaren Fährnissen umstellten Menschen, die die Höhle von Niaux bewohnten, wären ohne Wertordnung unfehlbar verloren gewesen. Diese Ordnung ergreifend, schufen sie indes ihre grandiosen und magischen Bildnisse, nicht als zufällige künstlerische Einzelleistungen, sondern ruhend in den Werten, die allen gemäß und gemeinsam waren; Wertordnungen können, so sie das Wesentliche wirklich erfaßt haben, naturgemäß nicht veralten.

Doch solches Erfassen gelingt stets nur annähernd. Der Erkenntnis der unverhüllten Wahrheit stand und steht stets die Abhängigkeit von autonomen Gegebenheiten, wie der Geographie, dem Klima, der Art der Lebensumstände, dem Kanon der Gebräuche, die auf dem Menschenschlag als auf einer Ausprägung individuell wandelbarer Temperamente und Anlagen beruhen, entgegen.

Für die Geltung einer Wertordnung hängt alles davon ab, ob durch ihre notwendige Kodifizierung hindurch ihr Gehalt erfaßt wird, ob es zu jener Verschmelzung von Ordnung und innerer Annahme durch den Menschen, ob es zur Faszination durch die Wertordnung und zu der dadurch bewirkten Bereitschaft kommt, ihr zu dienen.

Ist nun eine Gesellschaft dank den Wertordnungen zu einer kulturfähigen Gesellschaft geworden, so wird der vordem als magische Ergriffenheit empfundene Gehalt der Wertordnung nunmehr auch unter ästhetischen Aspekten erblickbar. Hierdurch findet eine Bereicherung und eine Abschwächung zu gleicher Zeit statt: Schönheit, die selbst ein Wert ist und die aus einer Ordnung der Werte aufleuchtet, bereichert. Zugleich aber entdeckt man, daß die Wertordnung auch als ein einfacher Kodex aufgefaßt werden kann und daß eine solche Auffassung weitgehend der Mühe enthebt, dauernd und mit Inbrunst die Wertordnung in sich zu verkörpern. Man braucht nur zu befolgen, was die Ordnung selbst lehrt oder gebietet, und genießt allein dadurch den Segen, der ihr innewohnt.

Die Entdeckung dieser Möglichkeit führt zum Formalismus, und dadurch verliert die Wertordnung die innerste Verankerung im Menschen. Das wird zunächst meist für eine gewisse Zeit dadurch ausgeglichen, daß man dem Wort der Ordnung, dem Buchstaben näherrückt. Unabweislich tut sich aber eine sich ständig erweiternde Kluft auf zwischen diesem Buchstaben und dem, was er ursprünglich als Faszination, als Monument des Menschlichen, als Wert bedeutete. Der Buchstabe blaßt ab, er wird in seiner archaischen Klarheit verkannt und leistet deshalb auch nicht mehr das, wessenthalben er seinerzeit gesetzt wurde: Orientiertheit auf ein Menschentum hin und innere Befriedung. Trotz aller Beschwörungen der Wissenden ist durch ein bloßes passives Wahrnehmen der Wertordnung deren unzerstörbarer Gehalt niemals zu erfassen.

Leicht brüchig werden Wertordnungen dann, wenn sie in ihrer Kodifizierung von einem Bild des Menschen ausgehen, das in sich nicht möglich ist, weil es menschliche Abläufe, Verhaltensweisen und Eigenschaften von einem Idealbegriff und nicht von einem lebenden menschlichen Wesen abstrahiert. Wir haben eine solche Ordnung in der des 19. Jahrhunderts kennengelernt, die, ob der buchstabenmäßigen Unerfüllbarkeit schließlich obsolet wurde. Das hat Nietzsche erkannt. Aber Nietzsche, auf den sich illegitimerweise die der tiefsten Finsternis entkrochenen Ungeister beriefen, war sich bewußt, daß er Werte umwerten, das heißt zurechtrücken wollte. Werte wollte er weder abschaffen noch relativieren. Anderen als Nietzsche gelang die Zertrümmerung der Wertordnung des 19. Jahrhunderts, doch die wie eine Erlösung ersehnte Umwertung blieb aus. Im Gegenteil. Die Trümmer der letzten in sich geschlossenen Ordnung, heute sentimental als „heile Welt" apostrophiert, wurden begraben unter einem Schutt von Pseudopsychologismen und *Leerphrasen*. Die Ordnung selbst versuchte man zu ersetzen durch Verfahrensweisen, das Verhalten der Menschen versuchte man zu regulieren durch Rezepte, durch Programme, durch Verordnungen.

Bis heute hat aber kein einziges auch nur annähernd den Rang einer Wertordnung, weil alle diese untauglichen Regulatoren darauf zielen, bestimmte, meist überdies nur für eine kleine Gruppe wünschbare Effekte für kurze Zeit, oft gar nur für den Tag, herbeizuführen, die Grundlagen menschlichen Seins aber gänzlich außer acht lassen. Das geschieht so bewußt und gründlich, daß bereits das Wort „Wertordnung" denunziert ist, wozu bestürzenderweise bereits die Koppelung mit dem Leerwort „konservativ" oder dem noch leereren Leerwort „reaktionär" genügt.

Das darf indes nicht davon ablenken, sich zu vergegenwärtigen, welche Wertordnungen unter den Verfahrensweisen, Patentrezepten und Programmen verschüttet liegen. Es genügt, einige ganz wenige zu benennen, um die qualitative Distanz sich aus sich selbst heraus herstellen zu lassen.

Ordnungen an und für sich sind Werte, wir sagten es schon, weil sie die Dinge in eine richtige und gemäße Reihenfolge fassen und eine Abstufung des Ranges bewirken, ohne die stets und immer nur Chaos ist.

Gerechtigkeit ist ein Wert, ohne sie ist das Leben auf animalische Dynamismen reduziert. Und da, wo Gerechtigkeit in ihren Zielsetzungen umgebogen wird zum bloßen sozialen Regulativ, ist ihr Wert eliminiert. Denn auch soziale Gerechtigkeit ist als Begriff nur so lange sinnvoll, als die Gerechtigkeit als Kategorie sinnvoll ist.

Der persönliche Freiheitsraum des Menschen ist ein Wert, denn er allein ermöglicht den ganzen Atem des Geistes, die Bildung einer Persönlichkeit, er verhindert das Abgleiten zum Massenwesen als einem lebenden Analogon zum Industrieprodukt.

Kultur ist ein Wert, jene menschliche Aussage, in der sich das Höchste und das Tiefste zugleich kundtut, in der sich eine Ahnung von dem, wozu sich ein Wesen aufzuschwingen vermag, spürbar wird. Religiosität ist ein Wert, als Ausdruck einer Sehnsucht nach dem Unbenennbaren und als Ausdruck eines Offenseins gegenüber einer über den Menschen hinausweisenden Dimension.

Die innere Fundiertheit der Familie ist ein Wert; Tapferkeit, Wahrhaftigkeit und Treue sind ebenso Werte wie Größe, Geistigkeit und die Kraft zur wissenschaftlichen Erkenntnis.

Hingegen lassen sich kontroverse Dynamismen, affektive Divergenzen und subalterne Regressionen nicht unter einfache Verhaltensregeln subsumieren, weil sie nicht derselben Kategorie angehören. Läßt man sie dennoch gelten, so führt das zum Wertindifferentismus. Seine Konsequenzen haben wir heute vor Augen: desorientiert, ausgehöhlt und ohne Kraft selbst zum Protest, so lassen viele die Geschichte und alles, was sie bereithält, über sich ergehen und umgeben sich mit einer nicht im mindesten schützenden, dafür aber euphorische Ausdünstungen ausstrahlenden Wand aus der unreinlichen Watte apathischer Fühllosigkeit. Ihnen wird ein Attentat zur Belästigung, eine Flugzeugentführung zur Störung des Flugplans, ein unmotivierter, bestialischer Mord zum Ausdruck jugendlichen Übermutes, ohne daß sie erkennen könnten, daß sie selbst bereits potentielle Opfer geworden sind.

Alldem kann nur begegnet werden dadurch, daß die Wertordnungen in ihren Rang eingesetzt werden müssen, zuerst, vor aller Formulierung oder Neuformulierung ihrer Inhalte, daß ihre Notwendigkeit unbestritten, ihre Geltung universal sein muß, weil nur dann, wenn er fest auf einem Boden der Wertordnung steht, der Mensch fähig ist, die letzte und höchste Aufgabe zu erfüllen, die zu erfüllen ihm bestimmt ist: die Auseinandersetzung mit seinem Schicksal.

Seit menschliches Bewußtsein den dämmerigen Raum kollektiver Eingebettetheit verlassen, seit es die Tür der Besonderung als Individuelles durchschritten hat, gibt es für die Verflechtung von Sein und Tun dieses Wort Schicksal. Nur der Mensch hat ein Schicksal, denn nur er erfüllt dessen Urbedingung, Stellung zu beziehen, sich zu entscheiden, anzunehmen und zu verwerfen, sich zu behaupten oder zu unterliegen. Überall sonst, wo man vom Schicksal spricht, ist eine

Analogie zum Menschen gemeint. Das Schicksal eines Gegenstandes ist nichts als die Summe der Beziehungen, die eine Reihe von Menschen zu ihm hatte; Bücher, Skulpturen, Gemälde, Partituren, Güter der Kultur und des menschlichen Vermögens, haben Schicksale als Zeichen und Abbild des Schicksals jener Menschen, für die sie bedeutsam waren.

Der Mensch aber durchlebt unmittelbar sein Schicksal als Kontinuum, dem er nicht entrinnen kann, als Bedrängnis, der er nicht erliegen darf, als Bestimmtheit, die er von Anbeginn zu tragen hat und die er als solche nicht ändern kann.

Das hat seit je extreme menschliche Position ans Licht gehoben. „Jeder ist seines Glückes Schmied" ist eine biedermännische und vulgäre Verleugnung jeglichen Schicksalscharakters des Lebens; „Seinem Schicksal entgeht man nicht" ist der gleichermaßen versimpelnde Versuch einer Ausklammerung gerade jener Kräfte im Menschen, die in Wahrheit eine Komponente des Schicksals selbst sind, und endlich ist die Forderung der Liebe zum Schicksal, Amor fati, der heroische, in der Tragik der griechischen Antike wurzelnde Anspruch, die Urmacht durch Unterwerfung zu meistern: ein Unterfangen, bei dem selbst der Größte scheitern müßte.

Es sind nämlich die Komponenten des Schicksals nicht in einem erkennbaren Verhältnis gemischt. Sie trotzen analytischen Manipulationen. Das ist der Grund, weshalb das Schicksal dumpf, erbarmungslos, unverstehbar, unvorhersehbar, ungerecht und unvermeidbar in eine menschliche Existenz eingreifen, sie formen, überhöhen, zerbrechen und vernichten kann, ohne sich der Frage nach dem Warum überhaupt zu stellen. Das Schicksal, und sei es das glückhafteste und erfüllteste, ist solcherart immer auch das ganz Andere, bleibt stets in weiten Bereichen das ganz Unvertraute, und von Moira, der Schicksalsgöttin, ist als einziges bekannt, daß es sie gibt, mehr nicht.

Dennoch ist es gleichermaßen unzulänglich, sich von den schicksalskonstituierenden Abläufen einfach treiben zu lassen, wie in ihnen nichts anderes zu sehen als ein Konvolut von Zufallsreihungen. Denn ein Mensch erleidet zwar sein Schicksal, im besten Fall verkörpert er sein Schicksal, doch steht er stets und zugleich auch seinem Schicksal gegenüber. Auch jenes Schicksal, das sich nicht nur mit dem Namen eines Menschen verknüpft, in das er existentiell hineinverwoben ist, das ihn als Ganzes einbezieht, sein Leben und seinen Tod und sein Sein und Nichtsein über Leben und Tod hinaus, sogar solches Schicksal ist zu sondern vom Menschen selbst und wird zum Fremden, doch zu einem, das erkannt, erfaßt und bezwungen werden muß.

Dadurch aber tritt zur Polarität des Schicksals entscheidend ein zentrierender Anspruch hinzu: die individuelle Verantwortung. Hier regt sich Zweifel, Unlust steigt auf und wirft gärende Blasen. Wie denn, ist es nicht eine der rationalen Glanzleistungen der Moderne, festgestellt zu haben, daß man, wie man in sprachlicher Verschlampung zu sagen pflegt, für sein Schicksal nichts kann? Ja mehr, das Schicksal gilt vielen geradezu als Prototyp dessen, wofür man nichts kann, und jede Andeutung des Gegenteils macht des Aberglaubens, des Nonkonformismus oder irgendeiner der anderen Formen des modernen Ketzertums verdächtig.

Schließlich, was kann jemand für seinen anstößigen Namen, was für seine Zugehörigkeit zu einer Rasse, einem Volk, einer Kultur, einer auf ihn Anspruch erhebenden Gruppe. Was kann einer dafür, daß er Glück hat, und was kann ein anderer, um alles in der Welt, daß er keines hat; warum geht einer auf ebenen, mit feinem Sand bestreuten Wegen, und einer versucht, eine steile Geröllhalde zu erklimmen, ohne vom Fleck zu kommen?

Solche kurzschlüssigen Derbheiten, gespeist von eingleisigen Affekten, treten regelmäßig auf, wenn Rückbeziehungen zwischen Schicksal und Verantwortung versucht werden. Es ist aber der Sturm der Emotionen nichts anderes als ein Rasseln mit den Ketten, und die Betroffenheit des Gemüts, die sich in verkürzenden Schroffheiten kundtut, zeugt dafür, daß die menschliche Verantwortung dem Schicksal gegenüber selbst zum Geschick des Menschen gehört.

Sehen wir aber zu: der Mensch mit dem lächerlichen Namen vollbringt eine bedeutende Leistung irgendwelcher Art, und siehe da, der Name verliert mit einem Schlag alles Odiose.

Die Hautfarbe ist ein Schicksal, doch niemand denkt bei Lao Tse, bei Li Tai Peh, bei Hui Tsung an die „gelbe Rasse". Jeder vergegenwärtigt sich den großen Mystiker, den großen Dichter, den großen Maler, jeder ist dankbar für die Erweiterung des eigenen geistigen Raumes und für die Bereicherung an Schönem in dieser Welt.

Einer gehört einem unbedeutenden Volk an und kann nicht aus reicher Tradition schöpfen, doch in seiner Schicksalsstunde lotet er menschliche Höhe und Wirrsal neu aus, und siehe da, sein Volk tritt aus dem faden, diffusen Streulicht der Halbbewußtheit ein in die Geschichte, der es fortan angehört.

Ein Mensch ist in einem Land geboren, in dem sich ein Regime etabliert hat, das unrecht tut und dies auch von ihm gebieterisch fordert. Er aber, obwohl dem Land durch die Geburt schicksalhaft verbunden, widersteht, nimmt Risiko und Gefahr auf sich und wendet Leid von anderen ab oder mildert dessen Maß. Und, gemessen, am Ganzen, ohnmächtig klein und unbekannt, wird auch er zu einer Kraft der Geschichte.

Deshalb ist eine erkannte und erfüllte Verantwortung dem Schicksal gegenüber imstande, Lebenslinie und Dasein völlig zu verändern, einen Zuwachs an Wert mit sich zu führen und recht eigentlich die Entfaltung der besten menschlichen Anlagen zu bewirken. Der Mensch, der sie trägt, ist allein fähig, eine neue Menschlichkeit zu begründen, weil nur er zu einem Leuchtfeuer zu werden vermag, das Orientierung ermöglicht. Der Fluß der Geschichte, das ist keine additive Zusammenfügung von Einzelschicksalen, doch ist er deren Integral, und in dem verantwortlichen Gegenüber zu seinem Schicksal entscheidet letztlich jeder, der sich dazu bekennt, das Gesamtgeschick seiner Gesellschaft, seiner Zeit, seiner Epoche.

»menschlicher leben«

Gertrud Stetter
Die unvollständige Familie
Mut zur Selbsthilfe
Band 597, 144 Seiten

Walter Thimm
Mit Behinderten leben
Hilfe durch Kommunikation und Partnerschaft
Band 604, 128 Seiten

Klaus Thomas
Warum weiter leben?
Ein Arzt und Seelsorger über Selbstmord und
seine Verhütung
Band 610, 144 Seiten

Jürgen Jeziorowski
Kein Platz für Kinder
Wie wir ihnen einen freundlicheren Lebensraum
schaffen können
Band 620, 128 Seiten

Rainer Fabian
Bessere Lösungen finden
Kreativität ist unsere einzige Chance
Band 627, 224 Seiten

Ulrich Schmidt
Menschen lernen miteinander reden
Begegnungserfahrungen in der Gruppe
Band 636, 96 Seiten

Fritz Fischalek
Faires Streiten in der Ehe
Partnerkonflikte besser lösen
Vorwort von Herbert Mandel
Band 644, 192 Seiten

in der Herderbücherei

Dr. med.
Wilhelm Rudolphson
Wunschträume der Seele

Leiden am unerfüllten Leben

Band 692, 128 Seiten

Warum ist unser Leben so unerfüllt und friedlos? Auf diese Frage antwortet hier ein erfahrener Psychotherapeut. An vielen Praxisbeispielen zeigt er, daß wir die Wunschträume unserer Seele verdrängen und nicht mehr wagen, unser eigenes Leben zu leben. Die Einsicht in diesem Zusammenhang ist zugleich der Weg zur Heilung. Dieser Praxisbericht macht es leicht, ihn aufzuspüren und zu gehen.

in der Herderbücherei